Margit Brinke, Peter Kränzle

P

Nicht verpassen!

9 Cathédrale Saint-Pierre [K9]
Im Zentrum der malerischen Altstadt Genfs steht die imposante Kathedrale, die schon wegen des Ausblicks vom Turm einen Besuch lohnt (s. S. 21).

10 Site Archéologique [K9]
Die Ausgrabungsstätte unter der Cathédrale Saint-Pierre zeigt Fundstücke, die bis ins 4. Jh. zurückreichen (s. S. 23).

11 Musée International de la Réforme [K9]
Das Museum gibt mit seiner überaus gelungenen Präsentation und modernen Medien einen Einblick in die spannende Geschichte der Reformation (s. S. 23).

14 Musée d'Art et d'Histoire [L10]
Das Musée d'Art et d'Historie mit seiner umfangreichen Kunstsammlung, vor allem den großformatigen Gemälden des Schweizer Malers Ferdinand Hodler, ist ein Muss für Kunstfreunde (s. S. 26)!

20 Jet d'eau [M8]
Die 140 m hohe Wasserfontäne im Hafenbecken am südlichen Seeufer, einst Sicherheitsventil der Wasserwerke, ist das Wahrzeichen der Stadt (s. S. 30).

31 Jardin Botanique [K4]
Der Botanische Garten steht stellvertretend für die großartigen Genfer Parks, die sich entlang des Seeufers ausbreiten und beliebte Ruheoasen sind (s. S. 37).

40 Patek Philippe Museum [I10]
Die renommierte Genfer Uhrenmanufaktur hat ein interessantes Uhrenmuseum eingerichtet (s. S. 44).

41 MEG – Musée d'Ethnographie de Genéve [I10]
Nicht nur die Dauer- und Sonderausstellungen dieses neuen Museums sind faszinierend, auch die Architektur des Gebäudes ist sehenswert (s. S. 44).

42 Cité International mit Palais des Nations [J3]
Genfs Norden wird von den Bauten der UNO beherrscht, im Zentrum steht der riesige Palais des Nations (s. S. 46).

44 Musée International de la Croix-Rouge et du Croissant-Rouge [I3]
Auf eindrucksvolle Weise werden die Besucher hier in die Geschichte und Tätigkeit des Roten Kreuzes und des Roten Halbmonds eingeführt (s. S. 47).

Leichte Orientierung mit dem cleveren Nummernsystem

Die Sehenswürdigkeiten sind im Text und im Kartenmaterial mit derselben **magentafarbenen ovalen Nummer** (1) markiert. Alle anderen Lokalitäten wie Geschäfte, Restaurants usw. tragen ein **Symbol und eine fortlaufende rote Nummer** (1). Die Liste aller Orte befindet sich auf Seite 140, die Zeichenerklärung auf Seite 144.

SAVOIE

CITY|TRIP
GENF

Inhalt

Jet d'eau ⓴ - eines der Wahrzeichen der Stadt am See (128ge Abb.: mb)

Zeichenerklärung

★★★ nicht verpassen
★★ besonders sehenswert
★ wichtig für speziell interessierte Besucher

[A1] Planquadrat im Kartenmaterial. Orte ohne diese Angabe liegen außerhalb unserer Karten. Ihre Lage kann aber wie die von allen Ortsmarken mithilfe der begleitenden Web-App angezeigt werden (Seite 144).

Updates zum Buch

www.reise-know-how.de/citytrip/genf19

Vorwahlen

- für die Schweiz: 0041
- für Genf: 022

Genf, die „kleinste Weltmetropole“ mit ihrem bunten Völkergemisch, passt nicht recht ins Schweizer Idyll: einerseits international, andererseits stärker französisch als schweizerisch geprägt, präsentiert sich die Stadt vor allem mondän und elegant, gleichzeitig aber auch laut und chaotisch, multikulturell und bunt.

Kulturelle ...

Lange Zeit nur ein verstaubtes Sammelsurium an Fundstücken, präsentiert sich nun das MEG (Musée d’ethnographie de Genève, s. S. 59) seit der Eröffnung des Erweiterungsbaus als neuste Attraktion im angesagten Viertel Plainpalais (s. S. 42).

2019 soll nach langer Renovierung das mondäne Opernhaus der Stadt, das Grand Théâtre de Genève, wiedereröffnen (s. S. 40).

... und triviale Vergnügungen

Nicht neu, aber immer wieder schön: ein Besuch im Volksbad, den Bains de Paquis, oder ein Bad im Genfer See, idealerweise verbunden mit einem „plat du jour“ im zugehörigen Lokal oder einem sommerlichen Morgenkonzert (s. S. 35).

Das Viertel Carouge wird immer attraktiver, vor allem in Bezug auf seine Geschäfte und Lokale, und bietet dazu eine ländlich-idyllische Dorfatmosphäre (s. S. 50).

Ungewöhnlich übernachten

Ganz dem Thema „bande dessinée“ („Comics“) hat sich das neue IBIS Style Hotel in Carouge verschrieben. Einrichtung und Ausstattung sind ungewöhnlich, Preise und Service sind hervorragend (s. S. 116).

117ge Abb.: gt

GENF ENTDECKEN

112ge Abb.: mb

Willkommen in Genf

Genf ist ebenso vielgesichtig wie vielseitig: einerseits französisch geprägt, andererseits multinational und zweiter Sitz der UNO neben New York. Das Herz der Stadt schlägt jedoch von jeher in der überschaubaren Altstadt um die Kathedrale und das historische Rathaus. Die etwas erhöhte Lage verleiht der Altstadt einen besonderen Reiz und erlaubt, sie in einem Atemzug mit berühmten Altstädten anderer Schweizer Städte wie Bern, Basel oder Zürich zu nennen.

Die **Grand-Rue** [J/K9] führt direkt hinauf in die **Vieille Ville**, die Altstadt. Sie endet am Rathaus, dem Hôtel de Ville 5, das im Kern aus dem 15. Jh. stammt und heute Sitz der Kantonsregierung („République & Canton de Genève") ist. Gegenüber liegt das Ancien Arsenal und davon einen Steinwurf entfernt das Maison Tavel 7, das älteste erhaltene Genfer Privathaus aus dem 12. Jh., Sitz des Museums des historischen Genf.

Den höchsten Punkt der Altstadt markiert die Cathédrale St. Pierre 9 mit der Site Archéologique 10, der interessanten Ausgrabungsausstellung unter der Kirche. Nebenan informiert das Musée International de la Réforme 11 über die Geschichte der Réformation. Zentraler Anlaufpunkt in der Altstadt ist die **Place du Bourg-de-Four** 13 und von dort ist es nur ein Katzensprung zum sehenswerten Musée d'Art et d'Histoire 14, kurz „MAH. Dieses gewährt einen umfassenden Einblick in die Kultur von der Frühzeit bis heute.

Doch die Altstadt allein macht Genfs Reiz nicht aus: Das eigentlich Ungewöhnliche ist zum einen das **architektonische Gesamtbild.** Die außerhalb des Altstadtkerns aufragenden französisch geprägten Prachtbauten in verschiedenen historistischen Stilen haben der Stadt den **Spitznamen „Klein-Paris"** eingebracht. Zum anderen ist ein wesentliches Plus die Lage der Stadt an Genfer See und Rhône – mit dem Jura im

Vorseite: Ballonfahrt mit Blick auf den Leuchtturm (s. S. 35)

An der Rive Droite trifft man sich zum Promenieren

Westen und den Alpen im Osten als Hintergrundkulisse.

Den Übergang zwischen engen Altstadtgassen und breiten Alleen bilden die **Rues Basses**, ein Sammelbegriff für die eleganten Einkaufsstraßen der Stadt, die einen ausgiebigen Bummel wert sind. Die **Seeufer** werden von mächtigen „französischen" Palästen mit weithin sichtbarer Firmenwerbung (v. a. der Uhrenhersteller) auf den Dächern eingefasst. In deren Inneren befinden sich teils elegante Hotels, teils Banken und Firmensitze. Sie bilden die mondäne, beeindruckende Hintergrundkulisse für die im See schaukelnden Luxusjachten und den Jet d'eau 20.

Rive Gauche und **Rive Droite** – es fällt schwer, Präferenzen zu setzen. **Am linken (südlichen) Ufer** des Genfer Sees ist das Debüt pompös mit Jardin anglais 19 und Jet d'eau. Durch das Stadtviertel Eaux-Villes erreicht man das große Areal der Parks La Grange und Eaux-Vives 22.

Am rechten (nördlichen) Ufer liegen Saint-Gervais 32, Genfs ältestes Viertel, und das als Nightspot beliebte Pâquis mit dem gleichnamigen Strandbad. An der Promenade Quai du Mont-Blanc [K8/L7] trifft man sich, promeniert und genießt dabei die Aussicht. Darauf folgt der eigentlich schönste Uferabschnitt mit einer Kette von Parks mit Villen und Schlössern, Promenaden und Botanischem Garten 31. Der Weg zieht sich hinauf bis zum **Internationalen Viertel** mit der UNO und anderen Institutionen sowie dem Museum des Roten Kreuzes 44 und dem Musée Ariana 43.

Westlich der Altstadt erstreckt sich **Plaine de Plainpalais** [I/J10], ein großer Freiplatz. Hier finden verschiedenste Events und Zirkusaufführungen statt, außerdem dreimal wöchentlich ein Wochenmarkt sowie mittwochs und samstags ein riesiger Flohmarkt. Zwischen Plaine de Plainpalais und Altstadt erstreckt sich erneut viel Grün, das durchwandert werden will: der Parc des Bastions mit der Universität und der Mur des Réformateurs 37. Die vorgelagerte Place Neuve [J9] ist das **Zentrum des Genfer Kulturlebens** mit dem Musée Rath 36, dem Grand Théâtre 35, dem Kulturzentrum Grütli und der Victoria-Hall 34.

Ist Genf von großen Prachtbauten französischen Einschlags geprägt, präsentiert sich der im Südwesten gelegene Vorort **Carouge** 46 als fast italienisches Dorfidyll, ideal zum Bummeln, Einkaufen und Essengehen. Speziell am Samstag lohnt auf der zentralen Place du Marché ein bunter Wochenmarkt.

Im östlichen Vorort **Cologny** 48 sind dagegen die begüterten Genfer und Prominente aus aller Welt in geräumigen Villen, umgeben von großzügigen Parks, zu Hause. Jedermann darf jedoch hier den Ausblick auf den See genießen und kann die Fondation Bodmer (s. S. 59), eine ehemalige Privatbibliothek mit wertvollen Originalmanuskripten und Erstausgaben, besichtigen.

EXTRAINFO

Links ist da, wo der See rechts ist

Wenn der Genfer von **Rive Gauche** spricht, meint er damit das linke Ufer des Genfer Sees, allerdings in Fließrichtung der Rhône. Das linke Ufer ist also da, wo der See rechts liegt. Die gegenüberliegende Seite wird dementsprechend **Rive Droite**, also rechtes Seeufer, genannt.

Kurztrip nach Genf

Genfs Lage am See und Ausfluss der Rhône ist spektakulär. Auf den ersten Blick wirkt die Stadt überschaubar, doch der Eindruck trügt: Zwar ist die Altstadt tatsächlich relativ klein, doch sowohl an den Ufern des Genfer Sees und der Rhône als auch im internationalen (UNO-)Viertel und im Vorort Carouge gibt es viel zu sehen. Bezieht man die Einkaufszone der Rues Basses und die romantischen Parkanlagen am Seeufer mit ein, zeigt die „kleinste Großstadt der Welt" ihre wahre Größe und bietet für jeden Geschmack etwas.

Die ideale Aufenthaltsdauer in Genf wären zwei, besser aber noch drei Tage. Letzteres böte nämlich die Möglichkeit, einen Besuch in der UNO und ein oder zwei Ausflüge – z. B. nach Carouge, zum CERN oder ins Weinland – einzuplanen.

Das Wahrzeichen Genfs: der Jet d'eau 20 in der Rade de Genève

010ge Abb.: mb

1. Tag: Zwischen Altstadt und Genfer See

Für den ersten Besuchstag bietet sich der beschriebene Stadtrundgang (s. S. 12) an. Nur kann man sich mehr Zeit bei der Erkundung der *Vieille Ville* lassen, der **Genfer Altstadt** mit Cathédrale Saint-Pierre 9, Site Archéologique 10, Reformationsmuseum 11, Place du Bourg-du-Four 13 und Musée d'Art et d'Histoire 14.

Nach einem **Einkaufsbummel** in den Rues Basses [K9] lädt der **Jardin anglais** 19 zu einer Verschnaufpause ein. Hier lässt sich die Aussicht auf Genfer See und **Jet d'eau** 20 genießen.

Als kulinarischer Abschluss des ersten Tages in Genf bietet sich ein Dinner in einem der **französisch angehauchten Lokale** in der Altstadt wie dem Les Armures (s. S. 25) an. In einer lauen Sommernacht schließlich tut man es den Genfern gleich und genießt einen Spaziergang entlang der **Uferpromenade** oder geht zu einer **Veranstaltung** (s. S. 70) im Grütli, Le Poche oder der Victoria Hall 34.

2. Tag: Weitere Entdeckungen in Genf

Genfer See und Rhône trennen Genf in einen linken (östlichen) und einen rechten (westlichen) Teil, *Rive Gauche* bzw. *Rive Droite* genannt. Einge der Viertel, die nach dem Abriss der Stadtmauer um 1850 entstanden sind und sich ringförmig um den Kern gruppieren, sind besonders sehenswert.

Zunächst geht es zum größten Platz der Stadt, der **Plaine de Plainpalais** im gleichnamigen In-Viertel

[I10], der wegen der hier stattfindenden Wochen- und Flohmärkte vor allem samstags attraktiv ist, aber auch für andere Veranstaltungen genutzt wird. Im Umfeld liegen die **Universität** mit der **Reformationsmauer** 37 und die **Place Neuve** [J9] mit Theatern und den Museen Rath 36 und Zoubov 3. Ebenfalls nur einen Katzensprung entfernt befindet sich das sehenswerte **Uhrenmuseum Patek Philippe** 40.

In Plainpalais bieten sich für einen **Mittagsimbiss** zahlreiche kleine und relativ preiswerte Lokale an, die auch gerne von Studenten und den Bewohnern des Viertels besucht werden.

Den Nachmittag sollte man komplett dem **Internationalen Viertel** mit dem Palast der Vereinten Nationen 42 (Cité International mit Palais des Nations) widmen. Eine Tour durch die UNO sollte im Voraus geplant werden, zumal die Sicherheitsmaßnahmen Zeit kosten. In direkter Nachbarschaft lohnen, je nach Interesse, auch das **Musée International de la Croix-Rouge et du Croissant-Rouge** 44 und das **Musée Ariana** 43.

Falls die Zeit noch reicht, ließe sich der Tag schön mit einem Spaziergang vom UNO-Viertel entlang der Rive Droite durch verschiedene Parkanlagen wie den sehenswerten Botanischen Garten abschließen. Für das Abendessen gibt es mehrere Alternativen, z. B. ein Picknick bei Sonnenuntergang in einem der Parks mit am Morgen auf dem Markt gekauften Delikatessen oder ein preiswerter Imbiss im beliebten Buvette des Bains des Pâquis (s. S. 63) nach einem abendlichen Bad im See.

Blick über den See auf das Mont-Blanc-Massiv

3. Tag: Ausflüge in die Umgebung

Zu den lohnenden und leicht realisierbaren Ausflügen gehört der Besuch der am südwestlichen Stadtrand gelegenen **Vorstadt Carouge** 46, die mühelos und relativ schnell mit der Straßenbahn zu erreichen ist. Anders als das mondäne, französisch geprägte Genf hat sich Carouge sein dörfliches Idyll bewahrt. Wer die Wahl hat, sollte den Ausflug für Samstag-

oder Mittwochvormittag einplanen, denn dann findet auf der zentralen Place du Marché ein großer Wochenmarkt statt.

Eine zweite empfehlenswerte Exkursion führt in den **östlichen Vorort Cologny** 48 (mit dem Bus und sogar zu Fuß leicht zu erreichen). Hier wohnen in prominenter Lage nicht nur begüterte Genfer, sondern auch Scheichs und Prominente aus aller Welt. Unschlagbar ist der Blick auf den See. Sehenswert für Bibliophile ist die **Fondation Bodmer** (s. S. 59), eine ehemalige Privatbibliothek. Wer gut zu Fuß ist, kann von dort über Genève Plage 23 (das Strandbad) und die beiden Parks Eaux-Vives und La Grange 22 in die Stadt zurücklaufen.

Am Abend böte sich dann eine entspannende Dinner Cruise auf dem Genfer See an (s. S. 113).

Stadtspaziergang

Den Kern der Stadt Genf kann man gut zu Fuß kennenlernen. Idealer Ausgangspunkt für einen Besichtigungsrundgang ist die **Île Rousseau** 1, dort, wo die Rhône aus dem Genfer See herausfließt. Von dem romantischen kleinen Park geht es vorbei an der Pont de la Machine am Rhôneufer entlang zur zentralen Place de Bel-Air gegenüber der **Île** 2. Über die Rue de la Cité und Grand Rue gelangt man in die Altstadt zur unübersehbaren **Cathédrale Saint-Pierre** 9. Vom Turm der Kathedrale kann man das atemberaubende Seepanorama genießen und auch das Kircheninnere ist einen Blick wert. Nach der Kirchenbesichtigung gibt die **Site Archéologique** 10, bedeutende archäologische Ausgrabung und modernes multimediales Museum zugleich, einen guten Einblick in die frühe Geschichte der Stadt. Das nebenan befindliche **Reformationsmuseum** 11

Blick auf den Quai Gustave Ador [M9-O8]

macht hingegen die Bedeutung der Stadt als „protestantisches Rom" deutlich.

Gelegenheit zum Päuschen bieten die Cafés und Lokale um den nur wenige Schritte entfernten zentralen Platz in der Altstadt, die **Place du Bourg-de-Four** 13, die man über die Passage Degrés-des-Poules erreicht. Kunstfreunde sollten einen Abstecher über die Promenade Rue de Chadronn zum **Musée d'Art et d'Histoire** 14 einplanen, das eine umfangreiche und besonders vielseitige Sammlung zeigt.

Durch eine der zahlreichen Altstadtgassen, z. B. die Rue de la Fontaine, geht es hinunter zu den so genannten **Rues Basses**, die Einkaufsmeile der Stadt. Nach dem Bummel durch die Gassen und Straßen zwischen Altstadt und Seeufer mit all ihren Chocolaterien, Boutiquen und Designerläden, Kaufhäusern und Feinkostläden geht es zu zwei Wahrzeichen der Stadt: der Blumenuhr im **Jardin anglais** 19, von wo man einen Blick auf den **Jet d'eau** 20 werfen kann.

Mit einer *Mouette,* wie die charakteristischen Wassertaxis heißen, wechselt man von der *Rive Gauche* hinüber zur *Rive Droite,* zur **rechten Uferseite,** wo legendäre Hotels wie das Hôtel Beau-Rivage 28 liegen. Hier laden der Parc Mon Repos, Parc Barton 30 und Jardin Botanique 31 am Seeufer zum Bummel ein. Sie machen den Abschied von der „Perle" am Genfer See schwer.

Routenverlauf im Stadtplan

Der hier beschriebene Spaziergang ist mit einer farbigen Linie im Stadtplan eingezeichnet.

La Cité

Zwar ist die eigentliche Altstadt, die „Vieille Ville" um das alte Rathaus und die Kathedrale, nicht allzu groß, doch die „Cité", die Innenstadt, die sich sowohl an beiden Ufern des Genfer Sees als auch zwischen Rhône und Arve ausbreitet, ist beachtlich.

Idealer Ausgangspunkt für einen Rundgang ist die **Pont du Mont-Blanc** [K8], jene Stelle, an der die Rhône aus dem Genfer See tritt. Hier bietet sich ein traumhafter Blick auf die Stadt und auf ihr Wahrzeichen, den **Jet d'eau** 20, im Hafenbecken am südlichen Seeufer gelegen.

An der Rhône

1 Île Rousseau ★ [K8]

Wendet man sich auf der Pont du Mont-Blanc um, blickt man die Rhône abwärts auf die kleine Île Rousseau, die an den berühmtesten Sohn der Stadt erinnert: Jean-Jacques Rousseau (1712–1778), dem hier auch ein Denkmal gewidmet ist. Es handelt sich um eine **ehemalige Bastion,** die 1583 als Teil der Stadtbefestigung zur Verteidigung des Hafens errichtet worden war. 1628 wurde die Anlage in eine Werft umgewandelt. 1832 schließlich wurde sie im Zuge des Baus der Pont des Bergues, mit der sie durch eine kleine Fußgängerbrücke verbunden ist, nach dem großen Philosophen und Schriftsteller benannt und bildet heute den kleinsten der insgesamt etwa 50 Genfer Stadtparks.

Das auch unter dem Namen „Île des Barques" bekannte Inselchen dient seither als **romantischer Ort für Spaziergänger und Liebespaare,** ist aber dank des hier befindlichen Kiosks auch ideal für ein Erholungs-

KLEINE PAUSE

Café mit Aussicht

Seit 1921 befindet sich auf der Île Rousseau ein netter kleiner Imbiss-Pavillon (Pavillon de l'île Rousseau, s. S. 64) mit Plätzen im Freien. Von hier kann man bei einem Kaffee den Blick auf die Stadt und den Genfer See genießen. Zudem lohnt der Ort auch zum Imbiss mit Sandwiches, Panini, Salaten, Eis oder Kaffee und Kuchen.

päuschen. In ihrer Mitte befindet sich Rousseaus Standbild, 1921 geschaffen vom Genfer Pierre Pradier.

› Haltestelle: „Mont-Blanc"

↓ *Kulturzentrum Bâtiment des Forces-Motrices: einst Wasserwerk, heute Veranstaltungshalle*

2 L'Île ★ [J8]

Auf der nächsten Brücke, der Pont de la Machine, fällt das **ehemalige Wasserwerk** von 1887 ins Auge. In diesem Bau, genannt **Cité du Temps** (www.citedutemps.com), befindet sich eine Infostelle der Stadt (s. S. 106). Es finden außerdem Ausstellungen (Mo.–Fr. 9–17, Sa./So. 10–17 Uhr, Eintritt frei) und Events statt. Am interessantesten ist jedoch die **Uhrenausstellung der weltberühmten Firma Swatch** im Obergeschoss. Dazu gehört außerdem die Bar-Lounge Au Phil du Temps (Mo.–Fr. Mittagessen) mit Tischen im Freien.

Ein Stückchen weiter flussabwärts und durch einen Steg mit dem Wasserwerk verbunden erstreckt sich die sogenannte Île, eine schmale Insel mitten in der Rhône, die durch die Pont de l'Île (bzw. die Rues des Moulins/de la Tour de l'Île) die beiden Altstadtteile südlich und nördlich des Flusses miteinander verbindet. Der

095ge Abb.: mb

im Zentrum der Insel stehende Turm, genannt **Tour de l'Île,** hatte deshalb strategische Bedeutung, doch eigentlich existiert der Flussübergang schon viel länger: Julius Caesar soll 58 v. Chr. die Brücke zerstört haben, um die Helvetier am Zug nach Gallien zu hindern. Der Turm mit seiner Uhr war ursprünglich Teil einer im 13. Jh. zum Schutz gegen die Savoyer errichteten Befestigungsanlage. In ihrer Mitte fand zudem ab dem 14. Jh. ein großer Markt statt. Als die Burg 1677 geschliffen wurde, blieb nur der Turm stehen, der 1897 restauriert wurde.

Am Westzipfel der Île befindet sich ein weiterer interessanter Punkt, das **Centre d'Art en l'Île** (s. S. 61) in einer einstigen Markthalle („Act-Art, Halle Nord"). Neben Ausstellungen moderner Künstler finden hier Kulturveranstaltungen statt und stehen Kunsthandwerk und Kunstbücher zum Verkauf und es gibt die Brasserie des Halles de l'Île (s. S. 64).

Bevor es hinauf in die Altstadt geht, fällt ein Stück weiter westlich auf einer weiteren Rhôneinsel, die über die Promenade des Lavandières von der Île aus bzw. von der Place des Volontaires am Ufer aus erreichbar ist, ein lang gestrecktes Gebäude ins Auge: Das **BFM – Bâtiment des Forces-Motrices** (s. S. 70) im Beaux-Arts-Stil diente von 1892 bis Ende der 1980er-Jahre als Wasserkraft- und E-Werk und heute als Kulturzentrum mitten in der Rhône mit einem fast 1000 Plätze fassenden Konzertsaal. Théodore Turrettini plante dieses faszinierende Bauwerk, das zwischen 1883 und 1892 errichtet wurde.

Noch ein Stückchen weiter flussaufwärts blickt man schließlich auf eine Schleuse, **Le Barrage du Seujet** [H8/9], die seit 1995 den Wasserstand von Rhône und See regelt.

Vieille Ville – Genfs Altstadt

Genfs Altstadt ist nicht groß, doch die Lage über dem See, die malerischen Gassen mit ihren Läden und Lokalen und die historischen Bauten und Museen machen sie besonders.

Streng genommen gliedert sie sich in zwei Teile: *la ville haute* (die „Oberstadt") oder „La Cité" mit der Kathedrale und *la ville basse* (die „Unterstadt") rings um die Rues Basses. Zur Altstadt werden meist auch der Parc des Bastions und das Quartier Saint-Gervais gerechnet.

Von der Île mit ihrem augenfälligen Uhrenturm führt die Rue de la Cité direkt hinauf in die Vieille Ville, die Altstadt von Genf. Die Straße geht bald in die **Grand-Rue** über, die

EXTRATIPPS

Tag und Nacht belebt

Die Rue de la Cité bzw. Grand-Rue [J/K9] lohnt nicht nur wegen der kleinen Läden und Antiquitätengeschäfte zum Bummeln, es gibt dort auch lohnende Lokale:

14 [K9] **Créperie Le Rozzel,** Grand-Rue 18

15 [K9] **Au Jardin d'Eden,** Grand-Rue 26

Auch wegen des fröhlichen **Nachtlebens** sollte man sich diese Ecke der Altstadt merken. Da wären beispielsweise das winzige Theater POCHE/GVE (s. S. 70) und die legendäre Bar Au Roi Ubu für den Drink danach:

16 [K9] **Au Roi Ubu,** Grand-Rue 30, legendäre Bar mit Livekonzerten und DJ

17 [K9] **22 grand'rue,** Grand-Rue 22, So. geschlossen, sonst bis 2 Uhr geöffnet. Bar, Tagesgerichte und Tapas.

Albert Gallatin – oder: Ein Genfer macht Karriere

Abraham Alfonse Albert Gallatin, am 29. Januar 1761 als Sohn einer aristokratischen Schweizer Familie in Genf geboren, dürfte ***eine der schillerndsten und bedeutendsten Persönlichkeiten der Stadt*** *sein. Ein Jahr nach seinem Abschluss an der Universität von Genf setzte er sich mit einem Freund 1780 in die USA ab. Nach einigen Jahren als Händler in der Wildnis von Maine lehrte er Französisch an der Harvard University (1782) und zog 1785 nach Virginia und schließlich nach Pennsylvania, wo er politisch aktiv wurde.*

1793 wurde er in den US-Senat gewählt, durfte sein Amt jedoch nicht ausüben, da er noch nicht lange genug die US-amerikanische Staatsbürgerschaft besaß. Dennoch engagierte er sich weiter politisch: Im August 1788 nahm er an einem offiziellen politischen Treffen in Uniontown, Pennsylvania, teil und stellte mit seinen Mitstreitern Vorschläge zusammen, die als ***„Pennsylvania proposals“*** *dem Federal Congress weitergeleitet wurden. James Madison formulierte daraus die zwölf Amendments, von denen zehn angenommen und als* ***Bill of Rights*** *- die Garantie individueller Freiheit - der Verfassung zugefügt wurden.*

Ab 1795 wurde Gallatin schließlich Abgeordneter im House of Representatives, ehe 1801 Präsident Jefferson ihn zum „Secretary of the Treasury“, also zum ***US-Finanzminister*** *ernannte. Dieses Amt hatte er auch unter James Madison bis 1814 inne. In dieser längsten Amtszeit eines US-Finanzministers sorgte er für einen ausgeglichenen Staatshaushalt, lehnte Steuererhöhungen ab und war auch am Erwerb der französischen US-Besitzungen, dem sogenannten „Louisiana Purchase“, beteiligt: Für nur 15 Mio. Dollar erwarben 1803 dabei die USA von Napoleon das Gebiet zwischen Mississippi und den Rocky Mountains.*

1814 wirkte Gallatin am ***Vertrag von Gent*** *mit, mit dem der Krieg zwischen Großbritannien und den USA um die kanadischen Gebiete - auch bekannt als zweiter Unabhängigkeitskrieg - ein Ende fand. Nach seiner Zeit als US-Botschafter in Frankreich (bis 1823) siedelte er sich schließlich in New York an. Als weiterhin politisch aktiver Bürger half Gallatin dabei, die New York University zu gründen, fungierte als Präsident der National Bank und publizierte Bücher über die Sprachen und Kulturen verschiedener Indianervölker. Am 12. August 1849 verstarb Gallatin 88-jährig in seinem Haus im New Yorker Stadtviertel Astoria (Queens). Er liegt auf dem Trinity Churchyard, nahe der Wall Street, begraben.*

Tafel an Gallatins Geburtshaus

042ge Abb.: mb

Hauptachse der Altstadt. Diese umfasst den auf einem Hügel liegenden Teil mit der Cathédrale Saint-Pierre ⑨, dem Justizpalast und dem Rathaus ⑤. An der Grand-Rue bzw. in ihrem Umkreis wie in den parallel verlaufenden Rue des Granges und Rue Jean-Calvin reihen sich attraktive kleine Läden, Cafés und Lokale auf.

③ Musée Fondation Zoubov ★ [J9]

In der Rue des Granges lohnt nicht nur ein Besuch der **Église St.-Germain** [K9] aus dem 15. Jh., sondern überhaupt gibt es hier sehenswerte Architektur, z. B. das ehemalige Hôtel de Sellon. In ihm befindet sich heute das Musée Fondation Zoubov.

Das Apartment der Tochter des Grafen Zoubov wurde im Hôtel de Sellon im prunkvoll-überschwänglichen Stil des Grand Siècle **als Gesamtkunstwerk** schließlich der Öffentlichkeit zugänglich gemacht. Zu sehen sind Tapisserien, Möbel und Kunsthandwerk aus aller Welt.

In der gleichen Straße (Nr. 7) erblickte zudem eine andere bedeutende Persönlichkeit das Licht der Welt: **Albert Gallatin** (1761–1849), der 1780 nach Massachusetts emigrierte und maßgeblich an der politisch sehr bedeutsamen Bill of Rights als Zufügung der amerikanischen Verfassung beteiligt war. Unter Jefferson fungierte er als Finanzminister. Er war zugleich Ethnologe und beschäftigte sich mit den Ureinwohnern Amerikas.

› Rue des Granges 2, www.ge.ch/zoubov, Do. Führungen um 14.45 und 15.45 Uhr, CHF 5, sonst nach Vereinbarung. Haltestelle: „Hôtel-de-Ville" (Bus 36)

④ La Maison de Rousseau et de la Littérature/MRL ★ [K9]

Vor lauter schön dekorierter Schaufenster und sehenswerter historischer Bauten entlang der Grand-Rue – wie die Hausnummern 15 (von 1693) oder Nr. 11 (von 1743) – übersieht man leicht das Maison de Rousseau. Die darin befindliche **Ausstellung widmet sich Jean-Jacques Rousseau**, dem großen Schriftsteller, Philosophen der Aufklärung und Musiker, der in diesem Haus am 28.6.1712 das Licht der Welt erblickte. Man erfährt Interessantes zu Leben und Werk des berühmten Genfers. Bilddokumentationen, Auszüge aus seinen literarischen und musikalischen Werken und weitere Dokumente zeigen zudem die Vielseitigkeit des Genfer Autors und Philosophen (s. Exkurs „Jean-Jacques Rousseau – seiner Zeit voraus", S. 18). **Das Museum ist derzeit geschlossen und wird noch bis voraussichtlich 2020 renoviert.**

› Grand-Rue 40, www.m-r-l.ch, derzeit wegen Renovierung geschlossen, Haltestelle: „Hôtel-de-Ville" (Bus 36)

043ge Abb.: mb

› *Das Denkmal Rousseaus, eines der großen Denker seiner Zeit, hat auf der Île Rousseau* ① *seinen Platz*

Jean-Jacques Rousseau – seiner Zeit voraus

Jean-Jacques Rousseau, am 28. Juni 1712 als Sohn eines protestantischen Uhrmachers französischer Herkunft in Genf geboren, wuchs nach dem frühen Tod seiner Mutter mit seiner Schwester als Halbwaise auf. Nach der Ausweisung seines Vaters 1722 (dieser hatte einen Offizier verletzt) verbrachte Jean-Jacques seine weitere Kindheit bei seinem Onkel bzw. einem calvinistischen Geistlichen, dessen Obhut er anvertraut wurde, im südlich von Genf gelegenen Dorf Bossey.

15-jährig verließ Rousseau Genf und lernte Madame de Warens in Annecy kennen, die zur Geliebten und Gönnerin wurde, zu der er immer wieder zurückkehrte. 1728 trat er in Turin der katholischen Kirche bei, entdeckte dann sein musikalisches Talent, wurde Musikant und Musiklehrer in der Schweiz und in Frankreich. 1740 verdiente er sein Geld als Hauslehrer in Lyon und ***verfasste ein Erziehungsprogramm.*** *1743 arbeitete er als Privatsekretär des französischen Botschafters in Venedig - ein Resultat dieses Aufenthalts waren die „Dépêches de Venise" -, um ein Jahr später nach Paris zurückzukehren.*

In Paris fand er ***Anschluss an Intellektuelle wie Diderot oder Melchior Grimm,*** *arbeitete wie diese an der großen Enzyklopädie und verfasste Musikartikel. Hier lernte er auch Thérèse Levasseur kennen, mit der er eine lebenslange Verbindung einging und mehrere Kinder hatte.*

1748 machte er Bekanntschaft mit seiner weiteren Gönnerin, Madame d'Épinay, und im folgenden Jahr sorgte eines seiner Werke ***erstmals für Aufruhr:*** *In einem Essay für einen Wettbewerb der Akademie von Dijon über die Wirkung des Fortschritts der Zivilisation auf die Moral stellte er die These auf, dass der edle Wilde dem zivilisierten Bürger moralisch überlegen sei. Auch behauptete er, dass die Ungleichheit durch Privateigentum herbeigeführt werde, der Mensch von Natur aus gut sei und lediglich durch die Einmischung des Verstandes schlecht werde.*

1754 wieder in die calvinistische Kirche eingetreten, erlebte er in Montmercy bei Paris seine schriftstellerisch fruchtbarste Zeit mit Werken wie den Briefroman „La Nouvelle Héloïse" (1761) oder den Erziehungsroman „Émile ou de l'éducation" (1762), in dem er das Ideal einer „natürlichen" kindgemäßen Erziehung, der freien Entfaltung der Persönlichkeit eines Kindes propagierte. In seinem berühmten staatsphilosophischen Traktat „Du contrat social ou Principes du droit politique" (1762) entwirft Rousseau das Bild des mündigen Bürgers, der sich freiwillig dem idealen Gemeinschaftswillen unterwirft, ohne seine persönliche Freiheit aufzugeben. Diese ***Staatsphilosophie*** *hatte auf die französische Revolution, auf nachfolgende Philosophen wie Kant, Fichte, Hegel und Marx großen Einfluss.*

Doch die Zeit war für derartige revolutionäre Entwürfe (noch) nicht bereit: „Émile" wurde in Frankreich nach dem Erscheinen konfisziert und verbrannt, Rousseau verfolgt. Er floh über die Schweiz nach England, kehrte aber 1767 nach Paris zurück, wo er 1768 Thérèse Levasseur heiratete. Er vollendete seine autobiografischen Schriften, vor allem die „Bekenntnisse" (hrsg. 1782), bevor er hier am 2. Juli 1778 starb.

5 L'Hôtel de Ville – Rathaus ★★ [K9]

Am Endpunkt der Grand-Rue erhebt sich das Hôtel de Ville, das **Rathaus**, in dem noch heute das **politische Herz der Stadt** schlägt. Hier tagen die Regierungen von Republik und Kanton Genf.

Im **Saal des Großen Rats** trifft sich das Genfer Parlament, während der Staatsrat (die Exekutive) in einem angrenzenden Saal im Tour Baudet, dem ältesten Teil des Rathauses von 1480, zusammenkommt. Dieser **Saal des Conseil d'État** (Staatsrat) ist üppig mit Fresken und Holzschnitzereien geschmückt, kann aber an Berühmtheit nicht an den sogenannten Alabama-Saal im Südflügel (s. u.) heranreichen.

Durch ein mächtiges Portal an der Rue de L'Hôtel de Ville (der Fortsetzung der Grand-Rue) gelangt man in den zu Bürozeiten geöffneten **Rathausinnenhof im Renaissancestil,** wo im Sommer auch Konzerte stattfinden. Erster Blickpunkt ist eine bemerkenswerte, gepflasterte **Rampe,** die 1556 angelegt wurde und einer Wendeltreppe gleich einen eckigen – statt wie üblich runden – Turm hinaufführt. Eine Vermutung geht dahin, dass hohe Beamte zu Pferd über die Rampe in die oberen Stockwerke gelangten. Wahrscheinlicher dürfte die Theorie sein, dass sie auf Sänften hinaufgetragen wurden und dass die Rampe zudem dazu diente, Geschütze mit Maultieren auf den Turm zu transportieren.

Im Erdgeschoss des zu Anfang des 18. Jh. angebauten Südflügels befindet sich der nur zu speziellen Anlässen fürs Publikum geöffnete **Alabama-Saal.** Dort traf sich am 22.8.1864 die Assemblée Générale de la Société des Nations, um die erste Genfer

096ge Abb.: mb

Konvention zu unterzeichnen, mit der das Internationale Rote Kreuz aus der Wiege gehoben wurde. Der Name geht jedoch auf das erste internationale Schiedsgericht zurück, das hier abgehalten und unter dem Namen „Geneva Arbitration" bzw. „Alabama Claims" bekannt wurde.

Das dabei getroffene Urteil sprach 1872 den USA 15,5 Mio. Dollar Entschädigung aus der britischen Staatskasse zu. Die Vereinigten Staaten hatten sich nach dem US-Bürgerkrieg zwischen 1861 und 1865 mit Großbritannien über die Rolle des Südstaaten-Piratenschiffs „Alabama" gestritten, das insgeheim von den Briten unterstützt worden war. Dieses erste Schiedsgericht gilt auch als eine der Wurzeln für den nach dem Ersten Weltkrieg von US-Präsident Woodrow Wilson initiierten Völkerbund, dem Vorläufer der UNO.

Gegenüber dem Rathaus, an der Rue de l'Hôtel-de-Ville, befindet sich **L'Ancien Arsenal.** Auffällig ist vor allem die saalartige, überdachte Zufahrt zu dem im 15. Jh. als Getrei-

Flaggen am Genfer Rathaus

KLEINE PAUSE

Zwischen Maison Tavel und Rathaus liegt das berühmte und beliebte **Brasserie-Restaurant de l'Hôtel-de-Ville** (s. S. 63), außerdem das **Café Papon** (s. S. 64) mit Freiplätzen auf der Promenade de la Treille, das malerisch hinter dem Rathaus am klassizistischen Portal an der Rue Fazy liegt.

despeicher („Kornhaus") errichteten Bau. Da es ab 1720 als Waffendepot diente, sind hier fünf Kanonen der Genfer Artillerie aus dem 17. und 18. Jh. aufgestellt.

Die **drei Mosaike** des Genfer Künstlers Alexandre Cingria aus den 1940er-Jahren an der Rückwand zeigen die Ankunft Julius Caesars in Genf – er hatte als erster die Stadt schriftlich erwähnt –, außerdem mittelalterliche Marktszenen, die einen Hinweis auf die frühere Funktion der Place du Bourg-de-Four 13 geben, und ein Bild von der Aufnahme hugenottischer Flüchtlinge. Im ersten Stock des Gebäudes befinden sich heute die Archive der Republik Genf (Archives d'État) mit einer kleinen Ausstellung zur Stadtgeschichte (Mo.–Fr. 9–17 Uhr).

› Haltestelle: „Hôtel-de-Ville" (Bus 36)

6 Promenade de la Treille ★ [K10]

Entlang der Rückseite des Rathauses, im Südwesten, erstreckt sich die Promenade de la Treille, die die Grenze zwischen Altstadt und westlichen Stadtteilen bildet. Dieser **bei den Genfern beliebte, weil romantische Ort** geht auf das 16. Jahrhundert zurück. Die Promenade war damals Aussichtsposten und Kanonenstandort zur Sicherung der Stadt nach Westen.

Heute präsentiert sich der Ort als grünes, friedliches und kastanienbestandenes Idyll mit der angeblich **längsten Holzbank der Welt.** Mit 121,30 Metern Länge hat sie es sogar ins Guinessbuch der Rekorde geschafft. An der Promenade erinnert zudem eine Statue an den Diplomaten Pictet de Rochemont (1755–1824), dessen Verhandlungsgeschick beim Wiener Kongress die Stadt ihre Unabhängigkeit und den Anschluss an die Eidgenossenschaft verdankt. **Genfs „offizieller" Kastanienbaum** wächst ebenfalls hier. Auf einem im Rathaus aufbewahrten Pergament wird seit 1818 verzeichnet, wann dieser Baum die ersten Blätter treibt und damit offiziell das Frühjahr einläutet.

› Haltestelle: „Hôtel-de-Ville" (Bus 36)

7 Maison Tavel ★★ [K9]

Im ältesten erhaltenen Genfer Privathaus befindet sich eine interessante historische Ausstellung mit dem „Relief Magnin", einem Stadtmodell aus dem 19. Jh.

Quasi um die Ecke fällt allein wegen seiner auffälligen mittelalterlichen Architektur das Maison Tavel ins Auge. Genfs ältestes Privathaus wurde im 12. Jh. errichtet, brannte 1334 ab und wurde von den Tavels – eine der wohlhabendsten Familien Genfs, deren Familienwappen im Erdgeschoss zu sehen ist – als **festungsartiger Stadtpalast** wiederaufgebaut. Die heutige Fassade stammt zwar aus dem 17. Jh., die Tier- und Maskenköpfe sind jedoch älter.

Im Inneren befindet sich ein sehenswertes **Museum**, eine Dependance des Musée d'Art et d'Histoire (MAH) 14. Im gesamten Gebäude, von den beiden Kellergeschossen bis zum Dachboden, geht es um die

Stadtgeschichte und das Alltagsleben in Genf vom Mittelalter bis Anfang des 20. Jh., illustriert durch Bilder, Zeichnungen, Fotos, Münzen, Möbel, Geschirr und andere Ausstellungsstücke. Im oberen Kellergeschoss steht Genf im Spiegel der Münzen im Mittelpunkt, im Erdgeschoss gibt es Infos zum Ancien Régime, der Herrschaftsform vor der Französischen Revolution bzw. den Napoleonischen Kriegen. Im ersten Stock werden wichtige Genfer Häuser vorgestellt und Dokumente über die Stadtentwicklung ausgestellt. Noch weiter oben wird anhand einer nachgebauten Wohnung das Alltagsleben vom 16. bis zum 19. Jh. vorgeführt, wobei sich vom Turmzimmer aus ein schöner Blick auf den See bietet.

Das Dachgeschoss schließlich wird fast völlig von einem alten **Stadtmodell** von 1896 ausgefüllt. Dieses nach seinem Schöpfer, dem Architekten Auguste Magnin (1841–1903), benannte „Relief Magnin" ist oval, 7,20 mal 5,65 m groß, besteht aus 86 Teilen und ist mit Architekturmodellen aus Zinn und Kupfer bestückt. Es zeigt die Stadt vor der Mitte des 19. Jh., als sie noch von Wehrmauern umgeben war. Nach der Multivisionsshow hier oben sind im Garten noch Fundamente eines romanischen Turms aus dem 11. Jh. zu sehen.

› Rue du Puits-Saint-Pierre 6, http://institutions.ville-geneve.ch/fr/mah/lieux-dexposition/maison-tavel, Di.–So. 11–18 Uhr, Eintritt frei, für Wechselausstellungen CHF 5, Haltestelle: „Hôtel-de-Ville" (Bus 36)

8 Musée Barbier-Mueller ★ [K9]

Bevor man sich der Hauptattraktion der Altstadt, der Kathedrale, zuwendet, lohnt ein Abstecher in eine kleine Seitengasse neben dem Maison Tavel in die Rue Jean-Calvin. Hier befindet sich das Musées Barbier-Mueller, das auf die **Privatsammlung** des wohlhabenden Solothurners Josef Mueller (1887–1977) zurückgeht. Dieser hatte 1907 begonnen, Gemälde moderner Maler zu sammeln. Später wandte er sich verstärkt der „primitiven" Kunst Afrikas und Ozeaniens sowie (prä-) kolumbianischer Kunst zu und diese ist heute in der Ausstellung zu sehen.

> EXTRATIPP
>
> **Besondere Bücher**
>
> In der Rue Jean-Calvin 2 befindet sich ein **ungewöhnlicher Buchladen,** der sich auf Fotografie und Kunst spezialisiert hat:
>
> 1 [K9] **Librairie Bernard Letu,** www.letubooks.com, Di.–Fr. 11.30–18.30 Uhr, Sa. 11–17 Uhr

Auch Kunstwerke aus Asien, Griechenland, Italien und Japan gehören zur Kollektion, die seit 1977 öffentlich zugänglich ist. Über **5000 Ausstellungsstücke zu allen großen Weltkulturen** – Skulpturen, Stoffe, Kultgegenstände, Reliefs, Masken u. v. a. – sind zu bewundern.

› Rue Jean-Calvin 10, www.barbier-mueller.ch, tgl. 11–17 Uhr, CHF 8, Haltestelle: „Hôtel-de-Ville"

9 Cathédrale Saint-Pierre ★★★ [K9]

Die über der Stadt thronende Kathedrale lohnt aus zweierlei Gründen: wegen des grandiosen Ausblicks von den Türmen und wegen der unterirdischen archäologischen Ausgrabungsstätte, der „Site Archéologique".

Am höchsten Punkt der Altstadt erhebt sich die **Cathédrale Saint-Pierre** – auch „Temple de Saint-Pierre" genannt. Zusammen mit der

130ge Abb.: mb

Site Archéologique ⑩ und dem Musée International de la Réforme ⑪ bildet die Kathedrale den **Espace Saint-Pierre.**

Die Kathedrale ist innen wie außen ein **Konglomerat verschiedener Baustile**, was angesichts der langen Bauzeit nicht verwundert. Die Arbeiten begannen nämlich schon um 1160 im romanischen Stil, ehe die Kirche mit gotischen Umbauten um 1230 fertiggestellt wurde. Auch die im 13. Jh. begonnenen Türme ließen auf sich warten, immerhin wurde 1407 die Hauptglocke, die Clémence, mit einem Gewicht von über sechs Tonnen im Nordturm aufgehängt. Das Besondere an ihr ist, dass sich ihre Melodie jeden Monat ändert.

⌃ *Vom Turm der Kathedrale erhält man einen guten Überblick über die Altstadt*

Wer die 157 Stufen nach oben auf den Turm hinter sich gebracht hat, wird mit einer **spektakulären Aussicht** auf Stadt und den Genfer See belohnt. Mit dem Nordturm ist der niedrigere Südturm mit dem Salle du Guet verbunden, der 1527–1911 dem *veilleur,* dem Turmwächter, als Aussichtspunkt und Wohnung diente (mit kleinem Museum).

Die **klassizistische Fassade** mit ihrem Frontgiebel und griechisch-römischen Säulen sowie einer Kuppel stammt aus der Mitte des 18. Jahrhunderts und wurde vom Pantheon in Rom inspiriert. Besonders Mitte des 16. Jh. wurde während der Reformation, als die katholische Kirche protestantisch wurde, das **Innere** der einst prächtig ausgestatteten Kirche ausgeräumt und damit erheblich schlichter. Das dreischiffige Langhaus präsentiert sich heute mit Ausnahme der aufwendig skulptierten Säulenkapitelle weitgehend schmucklos. Der Chor hat keinen Umgang, aber ein gotisches geschnitztes Chorgestühl (15. Jh.) und in den Seitenschiffen und Kapellen befinden sich Grabmäler.

Zu den Hauptattraktionen gehört links neben der Kanzel der **Stuhl Calvins** und rechts neben dem Ostchor das Grabmal und die Marmorstatue des Herzogs von Rohan, des Anführers der französischen Hugenotten zur Zeit Heinrichs IV. und Ludwigs XIII.

Rechts neben dem Hauptchor geht es in die **Chapelle des Macchabées,** eine 1405/1406 erbaute Grab- und Stiftskapelle, die zur Reformationszeit in ein profanes Lagerhaus umgewandelt und ab Ende des 17. Jh. als Hörsaal der von Calvin gegründeten Akademie genutzt wurde. Zu diesem Zweck wurde der Innenraum in drei Stockwerke unterteilt.

Seit dem Ende des 19. Jh. finden hier wieder Gottesdienste statt und 1888 begann man, die Kapelle im sehenswerten neugotischen Stil zu restaurieren.

› Cour Saint-Pierre 6, www.cathedrale-geneve.ch, Mo.–Fr. 9.30–18.30, Sa. 9.30–17, So. 12–18.30 Uhr, im Winter (1.10.–31.5.) 10–17.30 bzw. So. 12–17.30 Uhr, „Cathédrale" (Bus 36)
› **Turmbesichtigung:** 157 Stufen führen auf den Nordturm, CHF 5, Kinder bis 16 J. CHF 2.
› **Glockenspiel/Konzert:** Es gibt im Juli und August um 17 Uhr ein Glockenspiel (mit Chansons, Schlagern u. a.). Von Juni bis September finden um 18 Uhr Orgelkonzerte in der Kirche statt.

10 Site Archéologique ★★ [K9]

Unter der Kathedrale bzw. unter der Kapelle finden seit 1976 **archäologische Ausgrabungen** statt, die Aufschluss über die Baugeschichte der Kirche und die Geschichte der Christianisierung der Stadt Genf geben. Die Ergebnisse werden in der sogenannten Site Archéologique de La Cathédrale Saint-Pierre anschaulich präsentiert. In diesem **hochmodernen, multimedialen archäologischen Museum** im Untergrund wurden elf Ausgrabungsareale ausgewiesen. Erforscht wurde vor allem die Baugeschichte von den Wurzeln der Kirche Mitte des 4. Jh. bis zur Gegenwart. Mittlerweile spricht man von einer der bedeutendsten Ausgrabungen nördlich der Alpen.

› Cour Saint-Pierre 6, Zugang rechts des Kirchenportals oder durch das Musée International de la Réforme 11, www.site-archeologique.ch, tgl. 10–17 Uhr, CHF 8 (mit Reformationsmuseum und Kathedrale CHF 18), Haltestelle „Cathédrale" (Bus 36)

11 Musée International de la Réforme und Auditoire de Calvin ★★★ [K9]

Ein paar Schritte entfernt von der Cathédrale stellt das Musée International de la Réforme im historischen Maison Mallet ein absolutes Highlight der Stadtbesichtigung dar. Hochmodern und multimedial wird hier an historischem Ort – in dem zur Kathedrale gehörigen Kloster stimmten die Genfer am 21. Mai 1536 für die Einführung der Reformation – die Geschichte der Reformation einem breiten Publikum näher gebracht.

Aufgehängt insbesondere an Calvins Tätigkeit im 16. Jh. in Genf, gelingt es den Machern der Ausstellung, mithilfe von Büchern, Manuskripten, Gemälden, Stichen und weiteren Objekten, vor allem aber **mittels audiovisueller Medien**, die undurchsichtige Geschichte dieser Umsturzphase nicht nur unter religiösen Aspekten, sondern auch als kulturelles und gesellschaftliches Phänomen, dessen Auswirkungen noch heute spürbar sind, verständlich zu machen.

Zunächst geht es um die protestantische Bibel, ehe sich im „Polemikzimmer" berühmte historische Theologen mit den Thesen der Reformation auseinandersetzen. Auch das Genf zur Zeit Calvins wird vorgestellt. Es folgen als Themen ein „theologisches Bankett", der Widerruf des Edikts von Nantes und die damit verbundene Zuflucht der Hugenotten in Genf sowie schließlich die Ausbreitung der Reformation bis ins 20. Jh. Im Untergeschoss befindet sich eine Ausstellung zur Verbreitung des Protestantismus weltweit, vor allem aber in den USA.

› Rue du Cloître 4, www.musee-reforme.ch, Di.–So. 10–17 Uhr, CHF 13, Kombiticket mit Espace Saint-Pierre CHF 18, „Cathédrale" (Bus 36)

Die Wurzeln der Reformation

Um Calvins Werk verstehen zu können, gilt es, zunächst einen Blick auf ***Martin Luther*** *(1483–1546) zu werfen. Luther studierte Theologie, wurde Augustinermönch und machte Karriere als Theologe. Doch mehr und mehr prangerte er die Fehlentwicklungen in der katholischen Kirche an, plädierte dafür, die Zentralmacht von Papst und Kaiser zurückzudrängen und verurteilte die Ablasswirtschaft als Geschäftemacherei.*

Als er am 31. Oktober 1517 seine 95 Thesen bekannt machte, ging es ihm vor allem darum, eine ***Reform des gesamten kirchlichen Lebens*** *zu initiieren und die „Freiheit eines Christenmenschen" gegen alle Autoritäten zu fördern. Gottes Wort sollte gemäß der Bibel als Richtschnur des Glaubens dienen, die „ethische Reinheit" des Urchristentums als oberstes Ziel. Kirchliche Traditionen und Bräuche, Pomp und Prunk, Papsttum und Kirchenhierarchie sollten abgeschafft werden. Luther forderte eine Reform des Klosterlebens, des Zölibats, der Messe und von den ursprünglich sieben Sakramenten ließ er nur noch zwei zu: Taufe und Abendmahl. Die Trennung von der katholischen Kirche und damit die Entstehung der evangelisch-lutherischen Kirche wurde am 10.12.1520 mit der Verbrennung der päpstlichen Bannbulle und einiger scholastischer Schriften besiegelt.*

Jean Calvin *(1509–1564) trat quasi in Luthers Fußstapfen, führte dessen Lehren jedoch weit radikaler fort. Geboren als Sohn des Generalprokurators des Domkapitels zu Noyon (Frankreich), studierte Calvin in Paris Jura und kam dort 1533 mit Luthers Lehren in Berührung. Wegen seiner offenen Sympathie mit dem Protestantismus in Frankreich verfolgt, gelangte er 1535 nach Basel, wo er erstmals mit den gleichgesinnten Heinrich Bullinger (1504–1575, Zürich) und Guillaume Farel (1469–1565) zusammentraf. Letzterer war es auch, der 1536 Calvin nach Genf holte.*

Calvin führte in Genf nicht nur die Reformation ein, sondern stellte auch eine ***strenge Gemeindeordnung*** *auf. Er forderte rigorose Disziplin, das Abendmahl wurde verboten und Pomp und Überfluss abgeschafft, was letztendlich zur Tabula rasa der vormals prunkvollen Kirchen führte. All dies rief zunächst Widerstand hervor und als Konsequenz mussten er und Farel 1538 Genf zunächst verlassen. Sie kehrten drei Jahre später zurück und überredeten den Stadtrat, die neue „Kirchenzucht" einzuführen.*

Calvins Prädestinationslehre *fußt auf dem Gedanken, dass alles vorbestimmt sei und die Allmacht Gottes über allem stehe, der menschliche Wille hingegen bedeutungslos sei. Wer anderer Meinung war und die von Calvin herausgegebene Bibel nicht akzeptierte, wurde aus dem calvinistischen Genf ausgewiesen oder gar hingerichtet. Calvin propagierte ein strenges Arbeitsethos, das er selbst vorlebte und in der 1559 von ihm gegründeten Genfer Akademie umgesetzt wissen wollte. Er starb 1564 in Genf und wurde auf dem Cimetière des Rois im Stadtteil Plainpalais bestattet sowie mit einer Statue am Hauptgebäude der Genfer Universität verewigt.*

12 Temple de l'Auditoire ★ [K9]

An der Südostseite der Kathedrale steht an der Place de la Taconnerie der Temple de l'Auditoire (ehemals Notre-Dame-La-Neuve), auch „Auditoire de Calvin" genannt. Hier erklärte Jean Calvin den Genfern die Grundsätze der Reformation, hier predigten er und Théodore de Bèze zu den Gläubigen und seit 1555 diente der Bau zudem Exilanten aus aller Welt, darunter dem Schotten John Knox, als **Zufluchtsort.**

Gemeinsam mit Thomas Bodley, dem späteren Begründer der Bibliothek von Oxford und von Coverdale, erarbeitete Knox im Temple de l'Auditoire eine erste Volksausgabe der Bibel in englischer Sprache, die sogenannte „Genfer Bibel". Calvin hob außerdem an selber Stelle die Universität aus der Wiege.

Heute halten im Gebäude der **Genfer Kirchenrat** und die Pastorengesellschaft ihre Sitzungen ab und finden Gottesdienste der Church of Scotland und der holländischen und italienischen reformierten Kirchen statt.

› Zu Gottesdiensten und Konzerten geöffnet, Haltestelle: „Taconnerie" (Bus 36)

KLEINE PAUSE

Crêpes in allen Variationen

Bei der direkt neben dem Temple de l'Auditoire gelegenen **Café-Crêperie Saint-Pierre** handelt es sich um ein kleines Lokal, das sich ganz auf Crêpes (süß) und Galettes (salzig) spezialisiert hat. Schön speisen lässt sich an den Tischchen auf dem vorgelagerten Platz mit Blick auf die Kathedrale.

2 [K9] **Café-Crêperie Saint-Pierre,** Place de la Taconnerie 6, tgl. 12–22 Uhr

13 Place du Bourg-de-Four ★★ [K10]

Einst der wichtigste Platz der Altstadt, sind die auf der Place du Bourg-de-Four gelegenen Cafés heute ein beliebter Treffpunkt.

Die Passage des Degrés-de-Poules (Hühnerleiter), eine kuriose durch ein Haus hindurch geführte Treppe, führt neben dem Auditoire und hinter dem Ostchor der Kathedrale hinunter zum zentralen Platz der Altstadt, der Place du Bourg-de-Four.

Dieser im Mittelalter wichtige Kreuzpunkt von Handelsrouten und ehemalige Marktplatz ist der **älteste Platz Genfs** und heute **Treffpunkt und Kern der Altstadt.** Hier befand sich bereits in römischer Zeit ein Handelszentrum, im 5. Jh. das Zentrum des Burgunderreichs (eine kleine Figur in einem Haus an der SO-Ecke erinnert an König Gundobad/480–516) und ab Mitte des 16. Jh. entstanden die beeindruckenden Gebäude ringsum – zu dem Zweck, den massenhaft zuströmenden Protestanten Wohnraum zu bieten. In der Platzmitte befindet sich ein blumengeschmückter

EXTRATIPP

Essen im Nobelhotel

Zwar kann sich wohl nicht jeder eine Nacht im historischen Fünfsternehotel Les Armures leisten, doch das zugehörige Restaurant bietet mittags ein **Schnäppchen** an: täglich wechselnde *plats du jour* für nur CHF 20, auch auf der hübschen Terrasse zu genießen. Außerdem gibt es empfehlenswerte und preiswerte „Suggestions du Chef" und das Fondue soll auch Bill Clinton geschmeckt haben.

3 [K9] **Restaurant Les Amures,** Rue du Puits-St.-Pierre 1, Tel. 022 3103442, www.hotel-les-armures.ch, tgl. 9–23 Uhr

KLEINE PAUSE

Pause auf dem Place du Bourg-de-Four

Kein Platz in Genf ist für eine kleine Pause bei einem Kaffee oder Bier geeigneter als der immer belebte Place du Bourg-de-Four. Cafés und Lokale wie **La Clémence** (s. S. 66) oder **Chez ma Cousine** (s. S. 64) bieten mit ihren Sitzplätzen im Freien die perfekte Gelegenheit, die Genfer etwas näher kennenzulernen oder einfach nur unter freiem Himmel das Altstadtambiente zu genießen und ein wenig Gesellschaftsstudien zu betreiben.

098ge Abb.: mb

Brunnen aus dem 18. Jh., um den herum die Tische und Stühle **zahlreicher kleiner Cafés und Bistros** stehen, die sich im Wechsel mit Antiquitätenläden um den Platz gruppieren.

An der Ostseite des Platzes dominiert der **Palais de Justice** (Justizpalast). 1707–1712 als Kloster (Convent St.-Claire) erbaut, dann ab 1857 als Spital genutzt, dient der Bau heute als Sitz der Genfer Justiz.

Über die Rue Etienne Dumont mit ihren Boutiquen und Lokalen erreicht man die **Promenade Saint-Antoine**, die sich auf der alten Festungsmauer hinzieht und von beeindruckenden Bauten mit schönen Fassaden aus dem 18. und 19. Jh. gerahmt wird. Hier lebten einige Genfer Persönlichkeiten: in Hausnummer 14 Rodolphe Toepffer, einer der Vorreiter der Comics, in Nr. 16 Rodolphe Kreutzer, dem Beethoven eine Violinensonate gewidmet hat, und im Haus Nr. 22 der Bankier Yves Mirabaud.

An der Nordostecke der Promenade steht das **Collège Calvin**, 1559 von Jean Calvin als Theologieschule gegründet. Théodore de Bèze war der erste Rektor der Schule, in der Theologiestudenten einst von Montag bis Samstag täglich zehn Stunden unterrichtet wurden. Trotz oder gerade wegen dieses harten Pensums erwarb die Schule hohes Ansehen und wurde 1872 zur Keimzelle der heutigen Universität, die heute noch den historischen Bau für Lehrzwecke nutzt.

› Haltestelle: „Place Bourg-de-Four" (Bus 36)

14 Musée d'Art et d'Histoire ★★★ [L10]

Das „MAH" mit seiner vielseitigen, umfangreichen Kunstsammlung, v. a. mit vielen großformatigen Gemälden des Schweizer Malers Hodler, ist ein Muss für alle Kunstfreunde!

Von der Promenade Saint-Antoine blickt man auf den zwischen 1903 und 1910 errichteten imposanten Bau des Musée d'Art et d'Historie, kurz „MAH" genannt. In diesem riesigen Komplex erhält der Besucher einen ungewöhnlich **vielseitigen Überblick über die westliche Kultur** von der Frühzeit bis heute.

Drei große Abteilungen verteilt auf fünf Etagen beherbergt das MAH: eine **archäologische Sammlung** (prähistorische, ägyptische, griechische,

129ge Abb.: mb

etruskische, römische, frühchristliche und regionale Fundstücke sowie Funde der Universität Genf aus Kerma im Sudan), eine **Sammlung der** sogenannten **Schönen Künste** (Malerei von der Renaissance bis heute sowie Skulpturen von Rodin, Giacometti, Tinguely u. a.) und schließlich eine Abteilung für **Kunsthandwerk** (vom Mittelalter bis zum 20. Jh., Waffen und Möbel, Textilien und Zinn und vieles mehr). Diese Abteilung im 1. Stock ist **vermutlich bis Sommer 2019 wegen Renovierung geschlossen.**

Hervorhebenswert sind die großformatigen Gemälde des Schweizer Malers Ferdinand Hodler (1853–1918), der lange Jahre seines Lebens in Genf verbrachte, aber auch ein Altar aus dem 15. Jh. von Konrad Witz (1400–1446) oder die Originalfenster der Cathédrale Saint-Pierre ❾.

Altehrwürdiger Bau mit interessantem Inhalt: das MAH ⓮

Es handelt sich um eine **umfassende, hochkarätige Sammlung**, für die man sich entsprechend viel Zeit nehmen sollte. Anschließend kann man sich im schönen Museumscafé Le Barocco mit Plätzen im Innenhof erholen.

Formal zugehörig zum Museum sind das **Cabinet d'Arts Graphiques** (s. S. 58) mit Drucken aus fünf Jahrhunderten und die **Bibliothèque d'Art et d'Archéologie** (beide: Zugang in der Promenade du Pin 5 [K/L 10], nur zu Sonderausstellungen geöffnet).

› Rue Charles-Galland 2, http://institutions.ville-geneve.ch/fr/mah, Di.–So. 11–18 Uhr, Eintritt frei, bei Sonderausstellungen CHF 5–20, „Musée d'Art et d'Histoire" (Bus 36 und 7, Tram 12)

⓯ Quartier des Tranchées ★ [L10]

Im Südosten des Museums, getrennt durch den Boulevard Helvétique, schließt sich das Stadtviertel Quartier des Tranchées mit sehenswerten Wohnbauten im Art-déco- und Jugendstil an. Die Rue Charles-Galland führt mitten hinein und als erstes sticht die **Église Russe** (Rue Toepffer) aufgrund ihrer goldenen Kuppeln ins Auge. 1859 hatten die in Genf lebenden orthodoxen Russen um den Bau einer eigenen Kirche ersucht und dank finanzieller Hilfe von Großherzogin Anna Feodorovna Constancia, der Schwägerin von Zar Alexander I., konnte 1886 auf dem Grund eines ehemaligen Benediktinerklosters der auffällige Bau im byzantinisch-muscovitischen Stil mit vergoldeten Kuppeln fertiggestellt werden. Die Kirche ist auch innen sehenswert, vor allem wegen des Sternenhimmels, der aufwendigen Carrara-Marmor-Ausstattung und der Ikonen aus dem 16. bis 20. Jh.

› **Église Russe,** Rue Toepffer 9, Mo.–Fr. 9–12, Sa./So. 9–17 Uhr, CHF 2 Spende, Haltestelle: „Église Russe" (Bus 36)

Mehr als 7000 Kunstobjekte aus China und Japan sind nahe der Kirche in einer eleganten Privatvilla aus dem 19. Jh. im Viertel des Tranchées vereint. Die **Baur Foundation – Musée des Arts d'Extrême-Orient** ist die hochkarätige Sammlung des lange in Asien tätigen Kaufmanns und Fabrikanten Alfred Baur (1865–1951) und nennt sich auch „Musée des Arts d'Extrème-Orient". Chinesische Keramik und Tabakgefäße, Jadeobjekte, Lackdosen, Zeichnungen und Drucke aus Japan, Schwerter und anderes Kunsthandwerk werden präsentiert, daneben gibt es Wechselausstellungen und einen japanischen Garten.

› **Baur Foundation,** Rue Munier-Romilly 8, www.fondation-baur.ch, Di.–So. 14–18 Uhr, CHF 10, Haltestelle: „Église Russe" (Bus 36)

Die Rues Basses

Unter den Sammelbegriff „Rues Basses" fallen jene Straßen und Gassen, die sich unterhalb der Altstadt, ungefähr zwischen der Île 2 im Westen und dem Boulevard Helvétique [L9/10] im Osten, zum Genfer See hin ausbreiten. Die zentrale Achse bildet dabei die **Rue du Rhône.** An ihr reihen sich vor allem Nobelboutiquen und teure Schmuck- und Uhrengeschäfte wie Bulgari, Gianfranco Ferrer oder Patek Philippe auf. Aber auch das Kaufhaus Globus betreibt hier eine Filiale (Nr. 48) und Arthur's rivegauche (s. S. 68), legendäres Café und Bar-Lounge sowie Treffpunkt der Schönen und Reichen, ist ebenfalls an dieser Straße zu finden.

Parallel zur Rue du Rhône und mit einigen Passagen verbunden, schon am Fuß der Altstadt, verläuft eine zweite Hauptschlagader der Stadt, die mehrfach ihren Namen ändert: Rue de la Confédération, Rue du Marché, Rue de la Croix d'Or und schließlich Rue de Rive (von West nach Ost). Hierbei handelt es sich um die eigentliche **Haupteinkaufsmeile der Stadt,** die L'Île und Rond-Point de Rive [L9] im Osten miteinander verbindet. Sie ist als Fußgängerzone ausgewiesen – lediglich vor der Straßenbahn muss man sich als Fußgänger in Acht nehmen. An dieser Straße mit den vielen Namen finden sich außer Designershops und Boutiquen auch größere Kaufhäuser sowie Läden gewöhnlicher Marken wie C&A oder H&M. Aber auch kleinere Läden wie die Librairie Payot (s. S. 78) oder der Chocolatier Auer (s. S. 73) finden sich hier.

Trotz aller verlockenden Schaufenster sollte man gelegentlich einen Blick auf die Architektur werfen. So fällt beispielsweise an der Rue de la Croix d'Or 4 inmitten eines Konglomerats von Bauten, die alle um 1900 entstanden sind, eine besonders schöne Jugendstilfassade von 1914 ins Auge. Sie zierte einst das elegante Kaufhaus „Old England".

16 Place de la Fusterie ★ [K9]

Die Verbindung zwischen den beiden Hauptachsen, Rue du Rhône und Rue de la Confédération und Fortsetzung, bilden außer schmalen Gassen eine Reihe von lebhaften Plätzen. Der erste von Westen her heißt Place de la Fusterie, ein beliebter Treffpunkt zu Füßen der Altstadt. Filialen von Migros und COOP flankieren den Platz, auf dem auch **kleine Märkte,** u. a. ein Wochenmarkt (Mi./Sa.), ein Kunsthandwerks- und Büchermarkt sowie ein Weihnachtsmarkt stattfinden.

Der **Temple de la Fusterie** dominiert mit seinem oktagonalen Glockenturm den Platz. 1713–1715 im klassizistischen Stil als „Temple-Neuf", als der „neue Tempel" erbaut und mit einer barockisierenden Uhrenfassade versehen, trug er der zweiten Welle an protestantischen Flüchtlingen, die nach der Aufhebung des Edikts von Nantes 1685 nach Genf gekommen waren, Rechnung und diente der Stadt als Gotteshaus. Heute befindet sich hier die **Espace Fusterie** (http://espace-fusterie.epg.ch, Di.–Fr. 12–17 Uhr), ein kirchliches Kulturzentrum mit Veranstaltungen und Ausstellungen.

Nicht versäumen sollte man in der nur wenige Schritte östlich gelegenen Passage Malbuisson die **Horloge Malbuisson.** Täglich zur vollen Stunde setzt sich seit 1962 diese Uhr von Edouard Wirth in Bewegung: 16 Glocken, 13 Wagen und 42 Bronzefiguren paradieren vorbei und erinnern so täglich an das wichtigste Stadtfest, die Escalade (s. S. 86).

› Haltestelle: „Bel-Air (Cité)"

17 Place du Molard ★ [K9]

Zentraler Treffpunkt im Einkaufsareal der **Rues Basses** ist jedoch die lang gestreckte Place du Molard, auf der nachts die Pflastersteine von unten mit kurzen Wörtern wie „à bientôt", „welcome" oder „merci" beleuchtet werden. Ringsum befinden sich Cafés, ein Blumenmarkt und die berühmte Brasserie du Molard/Lord Nelson Pub (s. S. 67), wo hausgebrautes Bier ausgeschenkt wird.

Auf der Platzmitte steht ein oktagonaler Brunnen mit Marmor-Obelisk von 1771, an der Nordostecke erhebt sich der **Tour du Molard** von 1591, der einen Vorgänger im 14. Jh. hatte und einst Teil der Befestigungsmauer war.

› Haltestelle: „Molard"

KLEINE PAUSE

Markthalle

Am Ende des Shoppingareals, fast schon am Übergang zum östlichen Stadtviertel Eaux-Vives, befindet sich **La Halle de Rive** (s. S. 77). In dieser Markthalle verkaufen Mo.–Fr. 7.30–19 Uhr und Sa. 6.30–16 Uhr über 20 Anbieter lokale Produkte wie Käse, Wurstwaren, Fisch, Blumen, Süßwaren usw. Besonders die **französischen und Schweizer Spezialitäten** – wie der Käse, das Bündnerfleisch *(viande sec)* oder die Dauerwürste – lohnen, außerdem gibt es ein kleines Bistro und andere Gelegenheiten für einen Imbiss. Mi. und Sa. 6.30–13/14 Uhr findet außerdem vor der Halle, zum Bd Helvétique hin, ein **Bauernmarkt** statt.

18 Rue de la Madeleine ★ [K9]

Wenige Schritte von der Place du Molard entfernt liegt die Rue de la Madeleine mit dem gleichnamigen **Temple,** einer Kirche aus dem 15. Jh., restauriert im 17. Jh., die sieben moderne Glasfenster des chilenischen Malers José Venturelli beherbergt, die die Texte der Menschenrechte und christliche Botschaften tragen. Auf einem kleinen Platz in nächster Nähe steht ein historisches Karussell mit Holzpferden.

Die Rue de la Fontaine oder etwas weiter westlich die Rue du Perron mit dem empfehlenswerten Restaurant Le Perron (s. S. 65), schön zum Draußensitzen) bilden die Verbindung hinauf zur Altstadt.

› Haltestelle: „Molard"

Rive Gauche

⑲ Jardin anglais ★★ [L9]

Genf hat gleich zwei Wahrzeichen: die Wasserfontäne Jet d'eau ⑳ und die berühmte **Blumenuhr** im Jardin anglais. Dieser englische Park breitet sich zwischen dem Südende der Pont du Mont-Blanc [K8], der 1862 erbauten Brücke, die den Bahnhof mit der Rive Gauche, dem südlichen Seeufer, verbindet, und dem Quai du Général-Guisan bzw. dem Quai Gustave Ador aus. Der Jardin anglais wurde 1854 angelegt und mit Büsten, Statuen, Pavillons und verschiedenen Blumenbeeten ausgestattet.

Inmitten des Grüns, dort wo die Brücke in den Quai du Général-Guisan übergeht, liegt das Wahrzeichen der Uhrenmetropole, das **Symbol der Genfer Uhrenindustrie:** die **Horloge Fleurie.** Die im Jahr 1955 konstruierte Blumenuhr besteht aus acht konzentrischen Kreisen farblich aufeinander abgestimmter Blumenreihen, die zweimal jährlich ausgewechselt werden und aus jeweils 6500 Einzelpflanzen bestehen. In Sichtweite steht das 1869 eingeweihte **Monument National**, dessen Bronzefiguren von Helvetia und Geneva an den Beitritt Genfs zur Eidgenossenschaft im Jahr 1815 erinnern. Seit 2017 steht dahinter ein **Riesenrad** (in Betrieb Juli–Sept., tgl. 13–24 Uhr).

› Haltestelle: „Métropole"

KLEINE PAUSE

Cocktailpause

In dem dem Jardin anglais gegenüberliegenden Swissôtel Métropole, einem 1854 erbauten Grandhotel, kann man sich in der **eleganten Mirror Bar** oder der **MET Rooftop Lounge** (Dachterrasse mit Ausblick) einen Cocktail schmecken lassen. Direkt an der Promenade liegt außerdem im Sommer ein Bar-Boot und es gibt einen Eis-/Imbiss-Kiosk.

4 [L9] **Mirror Bar/MET Rooftop Lounge,** Quai Général-Guisan 34, Mirror Bar Mo.–Fr. 9–1, Sa./So. 10.30–1 Uhr; Lounge tgl. 17 bis mind. 24 Uhr

⑳ Jet d'eau ★★★ [M8]

Die 140 m hohe Wasserfontäne im Hafenbecken am südlichen Seeufer, einst nur das Sicherheitsventil der Wasserwerke, ist seit Ende des 19. Jh. das Wahrzeichen der Stadt.

Vom Jardin anglais fällt der Blick nicht nur auf die beeindruckende Kulisse der Stadt auf beiden Seiten des Genfer Sees, sondern auch auf die sogenannte **Rade de Genève** – jene Stelle, wo der Genfer See in die Rhône übergeht und Wassertaxis sowie Ausflugsboote das tiefblaue Wasser bevölkern. Unübersehbar beherrscht der Jet d'eau nahe einem Pier, der der Promenade du Lac bzw. dem Quai Gustave Ador vorgelagert ist, die idyllische Szenerie.

Die **gewaltige Wasserfontäne** im Hafenbecken fungierte ursprünglich als Sicherheitsventil der Wasserwerke, wurde jedoch 1891 zu einem gigantischen Springbrunnen umfunktioniert und so zum Symbol Genfs und damit zur Touristenattraktion. 1951 mit einer autonomen Pumpenstation ausgestattet, werden pro Sekunde nun 500 l Wasser etwa 140 m hoch mit einer Geschwindigkeit von 200 km/h hinauskatapultiert. Nur bei starkem Wind und Kälte sowie zum jährlichen Check im November drehen pensionierte Herren vom Wasseramt, die allein dafür zuständig sind, den Hahn zu. Ansonsten ist die Wasserfontäne von mindestens 10 Uhr am Morgen bis 16 Uhr, im Sommer und an Wochenenden länger (dann illuminiert) in Betrieb.

› Haltestelle: „Eaux-Vives“ (Mouettes) oder „Vollandes“ (Bus E, G, 2 und 6)

21 Pierres du Niton ★ [L8]

Mitten in der *Rade*, nahe dem südlichen Ufer, ragen zwischen Jardin anglais und Jet d'eau im Wasser **zwei große Felsbrocken** heraus, auf denen gerne Wasservögel brüten: die sogenannten „Neptunsteine“ bzw. Pierres du Niton. Die Felsblöcke sollen sich bereits seit der Eiszeit an eben dieser Stelle befinden und galten als rituell-kultischer Ort. Der größere von beiden Felsen diente General Henri Dufour als **Bezugspunkt für die kartografische Landesvermessung der Schweiz** und für seine 1864 erstellte, inzwischen legendär gewordene Karte im Maßstab 1:100.000.

› Haltestelle: „Métropole“

22 Parcs La Grange und Eaux-Vives ★★ [O8]

Spaziert man am südlichen Seeufer, der Rive Gauche, vom Jet d'eau entlang dem Quai Gustave Ador weiter Richtung Osten, erreicht man den **Parc La Grange.** Mit seinen 12.000 m² ist dieser Park eine der größten Grünanlagen der Stadt. Der an einem Hang gelegene Park bietet einen tollen **Ausblick auf See und Stadt** – besonders bei Sonnenuntergang .

Berühmt wurde der Park jedoch durch seine **üppige Rosensammlung,** mit der 1945 begonnen wurde. An die 200 verschiedenen Sorten sollen in den Beeten wachsen, insgesamt rund 40.000 Rosenstöcke, die besonders während der ersten Blüte im Mai/Juni den Park in ein Blütenmeer verwandeln. Besonders schön ist dabei das Areal um das sogenannte Herrenhaus, in dem im Juni während eines internationalen Wettbewerbs die schönsten neuen Rosen der Welt ausgezeichnet werden. Nordöstlich davon finden im Rahmen des Sommerfestivals **Musiques en Été** (s. S. 84) kostenlose Freiluftkonzerte auf der Scène Ella Fitzgerald statt. Im oberen Teil des Parks sind schließlich die wildromantisch überwucherten Überreste einer antiken römischen Villa (1. Jh. n. Chr.) auszumachen.

EXTRATIPP

Rundfahrt auf dem See

Ein besonderes Erlebnis ist eine Rundfahrt auf dem Genfer See mit einem der historischen Dampfer oder eine Tour mit den *Mouettes*, den **Wassertaxis.** Am Fuße der Pont du Mont-Blanc, im Nordwesten des Jardin anglais 19, befindet sich eine der **Bootsanlegestellen** der CGN, die verschiedene Rundfahrten, u. a. Dinner Cruises, auf dem Genfer See anbietet (s. S. 113). Umsonst für Hotelgäste, aber ebenso reizvoll, ist eine Seeüberquerung mit den kleinen gelben *Mouettes* (s. S. 118).

121ge Abb.: mb

Der Parc La Grange geht im Osten in den **Parc Eaux-Vives** über, vormals Privatgrund des Ingenieurs Louis Favre (1826–1879), dem Erbauer des St.-Gotthard-Tunnels. Hier liegt das Luxushotel Parc des Eaux-Vives mit mehreren hochgelobten Restaurants (www.parcdeseauxvives.ch).

› Haltestelle: „Parcs" (Bus 2, 6, E, G)

23 Genève-Plage ★ [P6]

Vorgelagert am Seeufer erstreckt sich das **öffentliche Strandbad** Genève-Plage. Es befindet sich bereits am Übergang zum östlichen Vorort Cologny am südlichen Ufer des Genfer Sees, der Rive Gauche. Die historische Anlage ist 1932 zusammen mit dem Jachtklub Société Nautique de Genève entstanden, der bis heute jährlich die berühmte Segelregatta „Le Bol d'Or" ausrichtet. Derzeit wird das Bad erweitert, erneuert und zu einer Mischung aus Strand- und modernem Spaßbad umgestaltet.

Blick vom Park La Grange 22

Neben dem Seestrand gibt es ein beheiztes Becken, Spielflächen und andere **Vergnügungseinrichtungen** für die ganze Familie. Von hier ist es anschließend nur ein kurzer Spaziergang hinauf zur Fondation Bodmer (s. S. 59) in Cologny.

› Quai de Cologny 5, Mitte Mai–Mitte Sept. 10–20 Uhr, CHF 7, www.geneve-plage.ch, Anfahrt: Die Buslinien 2, 6, G und E verbinden entlang dem südlichen Seeufer die oben genannten Parks und das Strandbad, Haltestelle: „Genève-Plage"

24 Eaux-Vives ★ [N9]

Am südlichen Ende des Parc La Grange 22, begrenzt durch die Av. William-Favre, dort wo die Rue des Eaux-Vives als Hauptachse vom Quai Ador abzweigt, beginnt der Stadtteil Eaux-Vives, der einen Abstecher lohnt. Dieser bis 1930 unabhängige Stadtteil zeichnet sich zum einen durch seine **Architektur** aus, andererseits dadurch, dass hier **etliche Restaurants** (vor allem italienische) zu finden sind.

Die **Mairie des Eaux-Vives** (Rue de la Mairie 37) [M9] ist ein architektonisch auffälliger Bau von 1906 mit großer Uhr und im typisch „Schweizer Stil". Das **Maison du Paon** (Av. Pictet-de-Rochemont 7), um 1900 entstanden, ist dagegen ein Musterbeispiel für Jugendstilarchitektur in Genf.

In der Rue de la Terrassière 10–22 [M10] kann man nachvollziehen, wie das Viertel noch bis Mitte des 20. Jh. aussah: mit Werkstätten, bescheidenen kleinen Häuschen, Gemüsehändlern und anderen Lädchen. Auch die umgebenden Straßen – Maison-Rouge, Templiers, Vinaigrerie und Midi – lohnen einen Bummel. Nur ein paar Schritte entfernt wartet dann wiederum große Architektur auf den Stadtbummler: In der Rue St. Laurent 2–4 [M10] befindet sich der einzige **Bau von Le Corbusier** in Genf (1931).

› Haltestelle: „Pl. Eaux-Vives"

25 Musée d'Histoire Naturelle ★ [M10]

Das Musée d'Histoire Naturelle wirkt auf den ersten Blick etwas altmodisch, gilt aber als ist das **größte naturwissenschaftliche Museum der Schweiz** und **ruft speziell bei Kindern Begeisterung hervor.** Im Erdgeschoss gibt es eine Einführung in die regionale Fauna, im ersten Obergeschoss stehen Säugetiere und Vögel, im zweiten Stock Amphibien, Reptilien und Insekten im Mittelpunkt. Im dritten Stock werden die Erdgeschichte, Mineralien und Geologie der Region sowie im obersten Geschoss schließlich die Geologie der Schweiz dem Besucher nahegebracht.

Vervollkommnet wird das Gebotene durch **Dinosaurierrekonstruktionen,** Dioramen der Arktik und Antarktik sowie auch durch interessante Wechselausstellungen.

› Rue de Malagnou 1, www.ville-ge.ch/mhng, Di.–So. 10–17 Uhr, Eintritt frei, Sonderausstellungen kostenpflichtig, Bus 20, 27, Haltestelle: „Muséum" (Bus 1, 8)

Rive Droite

Gegenüber dem Jardin anglais 19 und jenseits der Pont du Mont-Blanc beginnt das westliche Ufer des Genfer Sees, die „Rive Droite". Hier zieht sich eine **Seepromenade** bis hinauf zur UNO und ein paar **interessante Stadtviertel** um den hier befindlichen Hauptbahnhof, den Gare de Cornavin [J7], lohnen ebenfalls einen Abstecher.

26 Les Pâquis ★ [K7]

Das Quartier des Pâquis gilt als **eines der buntesten und multikulturellsten Viertel** von Genf und wird gerne mit San Franciscos Alternativstadtteil Haight-Ashbury verglichen. Einerseits ist es berühmt-berüchtigt als Rotlichtviertel und etwas verrucht mit seinen Nachtklubs und Bars in der Rue de Berne, andererseits bietet es einen vielseitigen Kulturmix zwischen Quai du Mont-Blanc und Rue de Lausanne am Gare de Cornavin, dem Hauptbahnhof Genfs.

Südlich von Pâquis schließt sich entlang dem Rhône-Nordufer das **Viertel Saint-Gervais** 32 an, eine der ältesten besiedelten Ecken der Stadt. Am Übergang beider Stadtteile, wo die Rue du Mont-Blanc vom See zum Bahnhof führt, erhebt sich das sehenswerte Four Seasons Hôtel des Bergues (Quai des Bergues 33, mit empfehlenswerter Bar). Auf dieses folgt nordostwärts mit dem Square du Mont-Blanc eine städtebaulich interessante Platzanlage.

› Haltestelle: „Gare Cornavin"

050ge Abb.: mb

Ein monumentales, gotisierendes Denkmal: das Monument Brunswick

051ge Abb.: mb

27 Monument Brunswick ★ [K8]

Nordwärts anschließend, fällt umgeben von einem Pärkchen am Quai du Mont-Blanc ein auffälliges Bauwerk ins Auge: das Monument Brunswick. Dieses **monströse gotisierende Denkmal** schmückt die Grabstätte von Herzog Karl II. von Braunschweig.

1804 geboren, wurde er 1830 entthront und aus seiner Heimat vertrieben. Über Paris gelangte Karl nach Genf, wo er seine letzten drei Lebensjahre (1870–1873) verbrachte. Er vermachte sein riesiges Vermögen der Stadt unter der Bedingung, dass er ein **Mausoleum** im Stil des Scaligeri-Grabs in Verona aus dem 14. Jh. errichtet bekäme.

› Haltestelle: „Mont-Blanc"

28 Hôtel Beau-Rivage ★ [L7]

Das legendäre Hôtel Beau-Rivage (Quai du Mont-Blanc 13), in dem der Herzog Karl II. (siehe 27) starb, liegt unübersehbar ein kleines Stückchen weiter am Quai du Mont-Blanc. Bemerkenswert ist, dass dort nicht nur er starb, sondern auch andere Prominente, z. B. 1898 die **österreichische Kaiserin Sissi**, die zuvor auf der Hafenpromenade mit einer zugespitzten Feile oder einem Stilett verletzt worden war, oder 1987 der damalige Ministerpräsident von Schleswig-Holstein, Uwe Barschel.

Auch wer nicht zu den wenigen Glücklichen gehört, die sich hier eine Übernachtung oder ein Gourmetdinner im „Le Chat-Botté" leisten können, kann kostenlos einen Blick in die Lobby werfen. Auch der *five-o'clock-tea* oder ein Drink auf Le Terrasse oder in Le Bar sind bezahlbar.

› Quai du Mont Blanc 13, www.beau-rivage.ch, Atrium Bar tgl. 10–1 Uhr geöffnet, Haltestelle: „Mont-Blanc"

29 Bains des Pâquis ★★ [M7]

Flaniert man weiter am Ufer entlang, gelangt man zum **Port des Mouettes**, der Anlegestelle der Wassertaxis, der *Mouettes*. Hier breitet sich ein formal angelegtes Pärkchen direkt am Wasser aus, durch das vor allem sonntags Genfer Familien mit Vorliebe flanieren. Vorbei am Jachthafen beginnt die große Hafenmole mit der **öffentlichen Badeanstalt** – Les Bains des Pâquis.

An der äußersten Spitze der Mole befindet sich der **Leuchtturm Jetée des Pâquis** (auch Phare des Pâquis genannt). Dieser Leuchtturm nach Plänen von Leopold Blotnitzki wurde 1860 in Betrieb genommen, um die Zufahrt zu den Schiffsanlegestellen zu markieren.

Eine öffentliche Badeanstalt an dieser Stelle gibt es schon seit 1872, seit 1890 ist sie für alle Genfer zugänglich. 1932 wurden die vormaligen Holzbaracken durch stabile Bauten ersetzt. Ein Volksreferendum konnte in den späten 1980er-Jahren gerade noch den Abriss der Anlage verhindern und dank der Initiative der Bevölkerung und des Einsatzes von Künstlern, Musikern, Zeichnern, Journalisten und Kaufleuten war die Renovierung des Bads 1988 beschlossene Sache. Heute handelt es sich nicht nur um ein beliebtes, wenn auch schlichtes Schwimmbad mit Sauna und Dampfbad im Winter sowie dem günstigen Restaurant Buvette des Bains des Pâquis (s. S. 63). Das Areal um die Bains des Pâquis ist zugleich ein **beliebter Treffpunkt**

Links unten: Monument für die 1898 in Genf ermordete Kaiserin Sissi

Bain des Pâquis an der Rive Droite

der Genfer Jugend am Abend und von Musikfreunden am Morgen (Sommerkonzerte „Les Aubes", tgl. im August 6–7 Uhr, Eintritt frei).

› Quai du Mont-Blanc 30, www.bains-des-paquis.ch, Zeiten wetterabhängig, Eintritt CHF 2, Umkleide-Schlüssel CHF 3. Auch Massagen und im Winter Hamam und Käsefondue. Haltestelle: „Mont-Blanc" oder „Pâquis" (Mouettes).

30 Parc Mon Repos und Parc Barton ★★ [L5]

Nördlich der Bains des Pâquis wendet sich das Seeufer nordwärts und es folgt eine Reihe von Parkanlagen direkt am See, die einst in Privatbesitz waren, heute jedoch öffentlich sind und damit die grüne Stube der Stadt.

Folgt man der Uferpromenade vom Pâquis, markiert das **Palais Wilson** den Beginn der Parkanlagen, die nordwärts zur UNO führen. Das Palais Wilson war 1875 als Nobelherberge „Hôtel National" eröffnet worden. 1919 wurde auf Anregung von US-Präsident Woodrow Wilson der Völkerbund (Vorgängerorganisation der UNO) gegründet, dessen erster Generalsekretär sich im Palais einrichtete. 1987 abgebrannt, wurde der ab 1924 „Palais Wilson" genannte Bau wieder aufgebaut und dient heute als Sitz des UN-Hochkommissariats für Menschenrechte.

Als ersten Parkteil erreicht man den **Parc Mon Repos** und stößt zunächst auf „La Libellule", ein selbsternanntes **Naturzentrum** (Mi./So. 13–17, Do./Fr. 9–11.30 Uhr, www.lalibellule.ch), an dem auch botanische Touren starten. Zwei weitere Anziehungspunkte im Park sind das **Museum zur Geschichte der Wissenschaften** (Musée d'Histoire des Sciences, s. S. 60) und das Restaurant Perle du Lac. Mitten im Park liegt die Villa Bartholoni, in der sich das einzigartige Musée d'Histoire des Sciences befindet. Die Villa – 1828–1830 im klassizistischen Stil erbaut und von dem Bankier François Bartholoni finanziert – gelangte 1926 in städtischen Besitz. Allein die Wandmalereien im pompejanischen Stil sind sehenswert, vor allem aber beeindruckt die **Sammlung alter wissenschaftlicher Instrumente** – Mikroskope, Barometer, Sonnenuhren u. a. –, außerdem sind Bücher und Dokumente ausgestellt.

Im Norden des Parc Mon Repos schließt sich der **Parc Barton** an. Die einstige Besitzerin Alexandra Barton-Peel, Witwe des reichen britischen Konsuls Daniel Fitzgerald Packenham Barton (1850–1907), weigerte sich 1926, ihr Seegrundstück an den Völkerbund zu verkaufen. Sie überließ ihr Land der Stadt und verhinderte so die Bebauung der Seepromenade mit großen UN-Verwaltungsbauten. Seit 1935 ist der Park öffentlich zugänglich. Durch ein Sequoia-(Mammutbaum-)Wäldchen er-

KLEINE PAUSE

Restaurant mit Taxianschluss

Besonders idyllisch genießt man einen Kaffee, einen Imbiss oder ein romantisches Dinner auf der **Terrasse des Restaurants La Perle du Lac** (s. S. 64) – bzw. bei schlechtem Wetter im Wintergarten. In diesem Restaurant direkt am See isst man nicht nur gut, sondern kann auch bequem auf sein Boot warten oder am kleinen vorgelagerten Strand ein Bad nehmen. An der Seeseite liegt ein kleiner Hafen mit Anlegestelle der „Mouettes Genevoises", jener **Wassertaxis**, die beide Seeufer miteinander verbinden. Hier legt die Ligne M4 zum Quai Gustave Ador („Genève-Plage") am linken Ufer ab.

reicht man die Villa Barton, die heute der Sitz des Institut de hautes études internationales et du développement (IHEID) ist.

› Haltestelle: „De-Chateaubriand" (Bus 1, 25, Mouettes)

31 Jardin Botanique ★★★ [K4]

Der Jardin Botanique ist die schönste Parkanlage der Stadt und eine beliebte Erholungsoase. Im größeren Westteil gibt es mehrere botanischen Abteilungen, im Osten eine naturbelassene Landschaft.

Am nördlichen Ende des Parc Barton führt eine **Fußgängerunterführung** unter der viel befahrenen Route de Lausanne hindurch zum sehenswerten Jardin Botanique, der sich landeinwärts bis zur Eisenbahntrasse erstreckt.

Bereits 1817 war von A.-P. de Candolle (1778–1841) der erste Botanische Garten im heutigen Parc des Bastions 37 ins Leben gerufen worden. 1904 wurde er an den Stadtrand verlegt und auf 28 ha Grund **16.000 Pflanzen aus aller Welt** und verschiedener Spezies in verschiedenen Abteilungen – wie Arboretum, Rocailles (Alpingarten), Rosengarten, geschützte und Medizinalpflanzen, Gewächshäuser, Duft- und Berührungsgarten – angesiedelt.

Zum Komplex gehören die **Villa le Chêne** mit Verwaltung, der drittgrößten botanischen Bibliothek der Welt und einem Herbarium (Sammlung getrockneter und gepresster Pflanzen), ein kleiner Zoo (Parc aux Animaux) sowie ein Fôret Enchantée („Zauberwald") für Kinder. Auf einem kleinen Hügel gibt es dazu einen **großen Spielplatz mit einem Kinderkarussell,** Le Carrousel des Fables, das von „Copyart" in einer Art Arbeitsbeschaffungsmaßnahme aus verschiedenen „Schrottmaterialien" (Holz und Metall) konstruiert wurde. Es gibt ein Lokal mit Freiplätzen (teils Selbstbedienung, teils Service) und günstiger *plat du jour,* einen Gartenshop und – neu – die **Jardins Éthnobotanique,** in denen es um die Verwendung von Kulturpflanzen – zum Essen, als Medizin, für Parfüms oder Textilien – geht. Der „wildere" Ostteil des Gartens (Terre de Pregny) hat alten Baumbestand, eine große Wiese sowie einen Duft- und Tastgarten zu bieten.

› Zugänge Jardin Botanique: Parc Barton, Chemin de l'Impératrice und Av. de la Paix, www.ville-ge.ch/cjb, im Sommer 8–19.30 Uhr, sonst 8–17 Uhr, Eintritt frei, mit Besucherzentrum in der Villa le Chêne, Lokal und Gartenshop. Karussell: April–Okt. Mi./Sa./So. 10–18.30 Uhr, in den Schulferien täglich. Haltestelle: „Jardin Botanique" (Bus 1, 11, 25, 28)

122ge Abb.: mb

Grüne Pracht im Jardin Botanique

32 Saint-Gervais ★ [J8]

In dem an Pâquis anschließenden Bahnhofs- und Arbeiterviertel Saint-Gervais hat man die ältesten Siedlungsspuren der Stadt aus der Jungsteinzeit (Neolithikum) gefunden. Viel später siedelten sich hier bevorzugt **Uhrmacher, Graveure, Juweliere und Goldschmiede** an.

Basierend auf einem Heiligtum aus dem 4. Jh. wurde der **Temple Saint-Gervais** (Rue Terreaux-du-Temple) errichtet, der 1345 abbrannte und Mitte des 15. Jh. im gotischen Stil neu entstand. Die Reformation forderte auch hier ihren Tribut: Die Kirche wurde zum schlichten, schmucklosen Tempel umgewandelt und erst während Restaurierungen im 19. Jh. wurden sehenswerte Fresken und Malereien wieder aufgedeckt.

Die größte katholische Kirche der Stadt ist die nahe gelegene **Basilique de Notre-Dame** (Place de Cornavin), die nach einer Landschenkung an die Gemeinde 1852–1857 über der Festungsanlage Cornavin im gotisierenden Stil in Sandstein erbaut wurde.

› Haltestelle: „Gare Cornavin"

33 Quartier des Grottes (Les Schtroumpfs) ★ [I7]

Das ungewöhnliche Wohnviertel „**Les Grottes**" wurde 1982–1984 von Robert Frei, Christian Hunzicker und Georges Berthoud erbaut. Es erinnert in seiner Buntheit und mit seinen ungewöhnlichen Formen an das Hundertwasserhaus in Wien.

115ge Abb.: mb

Das als alternativ geltende Quartier des Grottes erstreckt sich westlich des Gare de Cornavin hinter den Gleisanlagen. Es handelt sich prinzipiell um ein Wohnviertel mit Parks, die vor allem die hier ansässigen Genfer schätzen: der **Parc de Beaulieu** [I6] (Zugang über die Rue Baulacre) oder der **Parc des Cropettes** [J7] (Zugang über die Rue Baulacre/de Montbrilland).

Im Zentrum des Viertels, an der **Place des Grottes**, liegen das Maison Verte – das alternative Gemeindezentrum – und einige Cafés. Um den Brunnen auf der Place des Grottes herum finden regelmäßig ein Wochenmarkt und verschiedene, meist spontane Veranstaltungen statt. An der Nordseite sehenswert ist ein großer Mosaik-Salamander, der oft als Klettergerüst für Kinder herhalten muss – die Verschleißerscheinungen zeigen es deutlich.

Das Viertel hat aber auch eine architektonische Kuriosität zu bieten: **Les Schtroumpfs** (Rue Louis-Favre 23–29). Im ersten Moment fühlt man sich an die Architektur eines Hundertwasser oder Gaudí erinnert oder an ein Bauwerk, das einem Comic mit den Schlümpfen – französisch: „schtroumpfs" – direkt entsprungen ist. Auf diese Weise hat der Gebäudekomplex auch seinen Spitznamen erhalten. 1982–1984 von Robert Frei, Christian Hunzicker und Georges Berthoud erbaut, hat er den Einzug in viele Architekturhandbücher geschafft. Es gibt hier **keine geraden Linien oder monotonen Flächen**, aber viel Farbe, Applikationen und Mosaike, Arabesken und Kurven. Les Schtroumpfs zeigen, dass auch große Wohnblöcke menschengerecht und wohnlich sein können.

› Haltestelle: „Grottes" (Bus 8)

Um die Place Neuve

Der Boulevard Georges Favon führt vom nördlichen Rhôneufer Richtung Place Neuve [J9] und ins Quartier Plainpalais (s. S. 42). Am breiten Boulevard finden sich zahlreiche Buchläden, außerdem etliche Banken und die sehenswerte **Synagoge Beth Yaacov** (Place de la Synagogue). Der klassizistische Bau wurde 1857 nach Plänen von Jean-Henri Bachofen errichtet, dem Basler Juristen und Kartografen, der am Kartenwerk von General Dufour mitarbeitete.

34 Victoria-Hall und Grütli ★ [J9]

Die sogenannte Victoria-Hall, eines der Konzerthäuser der Stadt, leitet Richtung Place Neuve über, dem Zentrum des Genfer Kulturlebens. Die Victoria-Hall wurde 1893 vom englischen Konsul Daniel Fitzgerald Barton in Auftrag gegeben, vom selben finanziert und nach der britischen Queen Victoria benannt. Der Genfer Kunstmaler Dominique Appia war für die Saaldecke verantwortlich und gestaltete sie als Hommage an u. a. den großen Dirigenten Ernest Ansermet (1883–1969), der 1918 das „Orchestre de la Suisse Romande" gegründet hatte. Nach einem Brand 1984 wurde dieser **„Genfer Tempel der klassischen Musik"** von Grund auf renoviert und dient heute jeder Art von Konzerten.

› Rue du Général-Dufour 14, Tel. 022 4183500, www.ville-ge.ch/culture/victoria_hall, Haltestelle „Place Neuve" (Tram 12, 18)

055ge Abb.: mb

⌃ *Die Victoria-Hall zählt zu den angesehensten Bühnen Genfs*

‹ *Mosaikkunst in Les Grottes*

Ein paar Schritte entfernt befindet sich ein weiterer Kulturtempel: das „Maison des arts du Grütli", ein **experimentelles Kunstzentrum und Sitz verschiedener Kulturinstitutionen.** Auch hier gibt es Veranstaltungssäle, eine Fotogalerie, ein Tanzstudio, Kinos (www.cinemas-du-grutli.ch) und das Théâtre du Grütli (s. S. 70).

› Rue du Général-Dufour 16, www.ville-ge.ch/culture/grutli, Tel. 022 4183554, Haltestelle: „Place Neuve" (Tram 12, 18)

Der Ostzugang zum Grütli liegt an der **Place Neuve**, dem wichtigsten Platz des Genfer Kulturlebens. Er befand sich früher außerhalb der Stadtbefestigung und breitet sich heute zu Füßen der Altstadt aus. Um ihn herum gruppieren sich mehrere **hochkarätige Kultureinrichtungen:** das Grand

KLEINE PAUSE

Kultur-Pause

Wer eine kleine Pause einlegen möchte, kann dies in dem netten und preiswerten **Café-Restaurant du Grütli** im gleichnamigen Kulturzentrum tun. Im gegenübergelegenen **Café Lyrique** (s. S. 66) trifft man sich vor oder nach einer Vorstellung.

5 [J9] **Café du Grütli,** Rue du Général-Dufour 16, www.cafedugrutli.ch

Théâtre (Oper) 35, das Konservatorium, das Musée Rath 36 sowie die genannten Grütli und Victoria-Hall.

In der Mitte des Platzes steht das **Reiterstandbild von General Guillaume Henri Dufour** (1787–1875), der nicht nur Militärmann und ab 1847 der oberste Befehlshaber der eidgenössischen Armee war, sondern auch Ingenieur und Universitätsprofessor. Er erstellte die erste und umfassendste Landkarte der Schweizer Berge, die „Dufour-Karte". Im Alter von 76 Jahren wurde er in das berühmte „Fünfer-Komitee" berufen, das die Gründung des Roten Kreuzes vorbereitete. Hinter ihm befindet sich übrigens am Fuß der Altstadt auf dem ehemaligen Richtplatz eine Porträtbüste von Henri Dunant.

35 Grand Théâtre ★ [J9]

Dominiert wird der Platz vom **Opernhaus der Stadt**, dem Grand Théâtre, finanziert vom Erbe des Herzog Brunswick. Wer Paris und die dortige Oper kennt, dem wird dieses 1879 eingeweihte, klassizistisch geprägte Gebäude bekannt vorkommen. An der Hauptfassade befinden sich allegorische Skulpturen und Büsten berühmter Komponisten. Der Bau stammt allerdings von 1962, da bei einem Großbrand während Proben zu Wagners „Walküre" am 1.5.1951 das Originalgebäude fast völlig zerstört wurde. Zu Beginn der Saison 2019 eröffnet das Theater nach umfangreichen Renovierungsarbeiten mit dem „Ring der Nibelungen" neu.

› Place de Neuve 5, Tel. 022 3225050, www.geneveopera.ch

An der Westseite des Platzes erhebt sich das **Conservatoire de Musique de Genève** (Konservatorium), 1856 errichtet mit einer von der italienischen Renaissance inspirierten Fassade. François Bartholoni hat den Bau dieser berühmten Musikschule finanziert und ihm zu Ehren findet jeden Sommer ein internationaler Musikwettbewerb statt.

› Place Neuve 5, Tel. 022 3196060, www.cmg.ch, Haltestelle: „Place Neuve" (Tram 12, 18)

36 Musée Rath ★★ [J9]

An der Nordseite der Place Neuve neben dem Opernhaus steht das Musée Rath, gegründet von Simon Rath, Generalleutnant in der Armee des Zaren und großer Kunstliebhaber. Nachdem er 40-jährig verstorben war, ließen seine Schwestern Jeanne-Françoise und Henriette Rath ihm zu Ehren dieses Gebäude errichten, um seine **Sammlung exquisiter Kunstwerke** der Öffentlichkeit zugänglich zu machen. Bei der Einweihung des Musentempels im Jahr 1826 galt es als das erste den Schönen Künsten gewidmete Gebäude der Schweiz. Heute finden hier sehenswerte **Wechselausstellungen zu internationaler und Schweizer Kunst** statt.

› Place Neuve, http://institutions.ville-geneve.ch/fr/mah/lieux-dexposition/musee-rath, Di.–So. 11–18 Uhr, CHF 10–20 (je nach Ausstellung), Haltestelle: „Place Neuve" (Tram 12, 18)

37 Parc des Bastions und Mur des Réformateurs ★★★ [K10]

Die rund 100 m lange Wand mit ihren Inschriften und ihrem Statuenschmuck im Parc des Bastions erinnert an rund 450-jährige Geschichte des Protestantismus.

Zwischen Place Neuve und der erhöht liegenden Altstadt um das Rathaus bzw. die Promenade de la Treille erstreckt sich der **größte Park der Cité**, der Parc des Bastions, beliebter Studententreff mit WiFi-Hotspot. Bis Mitte des 19. Jh. grenzte die alte Stadtmauer die Altstadt von den tiefer gelegenen Arealen ab. Nach Schleifung der Befestigung entstanden oben die Promenade de la Treille 6 und – vorgelagert – diese Parkanlage.

1909, anlässlich des 400. Geburtstags von Jean Calvin, wurde am Parkrand die Reformationsmauer, die **Mur des Réformateurs**, errichtet. Diese rund 100 m lange Wand lässt die rund 450 Jahre lange Geschichte des Protestantismus Revue passieren. Reliefs erinnern an das Nanter Edikt, den Mayflower-Vertrag oder den Wiener Frieden. Im Zentrum stehen jedoch die **Büsten der wichtigsten Personen der Reformation:**

- **Guillaume Farel** (1489–1565), der als einer der ersten in Genf die Reformation predigte,
- **Jean Calvin** (1509–1564), der „Papst der Reformer",
- **Théodore de Bèze** (1513–1605), erster Rektor der Akademie von Calvin, und
- **John Knox** (1513–1572), Gründer der presbyterianischen Kirche in Schottland.

016ge Abb.: mb

Dem MAH 14 angeschlossen ist das Musee Rath

Hinter den Figuren geschrieben steht das **Motto der Reformation** und von Genf: „Post Tenebras Lux" – nach dem Schatten folgt das Licht. Beidseitig der Hauptfiguren sind Statuen und Reliefs protestantischer Persönlichkeiten aus verschiedenen calvinistischen Ländern angeordnet: Cromwell, Roger Williams, die Pilgrims sowie Martin Luther und Zwingli, die in Form von einfachen Namensblöcken das Ensemble abschließen. Schließlich fehlen auch die Wappentiere Genfs (Adler), Berns (Bär) und Schottlands (Löwe) – allesamt Hochburgen der Reformation – nicht.

Die Reformationsmauer ist nur ein Teil des Parc des Bastions, der 1817 als Botanischer Garten eröffnet wurde (jetzt 31) und es gibt weitere Denkmäler, Brunnen und Statuen. Die Hauptachse bildet die 1816 angelegte **Promenade des Bastions**, die vom Universitätsbau einerseits und der Reformationsmauer andererseits eingerahmt wird. In den beiden Flügelbauten des monumentalen Universitätsgebäudes befindet sich die **öffentliche Bibliothek** (BGE) die etwa 2 Mio. Dokumente, Zeichnungen, Fotos und Poster sowie Bücher birgt und in der regelmäßig auch Ausstellungen stattfinden.

133ge Abb.: mb

› Bibliothèque de Genève, Promenade des Bastions 1, http://institutions.ville-geneve.ch/fr/bge, Di.–Fr. 9–18 Uhr, Sa. 9–12 Uhr, Eintritt frei, Gratis-Internet

Die Ursprünge der **Universität** gehen auf die 1559 im Zeitalter der Reformation von Jean Calvin gegründete Theologieschule zurück. Zunächst befand sie sich im Collège Calvin in der Altstadt (siehe 13), ehe sie in den heutigen Bau von 1872 im Parc des Bastions umzog. Im späten 19. Jh. wurde zudem am östlichen Parkrand das **Palais Eynard** für einen Banker nach Vorbild des Petit Trianon von Versailles errichtet. Es dient heute als Stadthaus (Archive und Sitzungssaal).

› Haltestelle: „Place Neuve" (Tram 12, 18)

KLEINE PAUSE

Café im Park

Im Parc des Bastions befindet sich am Hauptzugang am Place Neuve das **Café Restaurant du Parc des Bastions** (s. S. 66). Hier kann man im Sommer draußen unter schattigen Kastanien (oder drinnen) eine Erfrischung, einen Kaffee oder etwas zu essen genießen.

Plaine de Plainpalais und Umgebung

Plainpalais gilt derzeit als das **absolute In-Viertel** der Stadt: Designerboutiquen, Galerien, schicke Pubs und Cafés, Bars und Restaurants reihen sich an den Hauptachsen auf.

Im Zentrum steht die **Plaine de Plainpalais** [I/J10], ein großer Freiplatz, der eine abwechslungsreiche Geschichte hinter sich hat. In der Vergangenheit ein Sumpfareal, dann als Viehweide und als Festplatz genutzt, ließ der Herzog von Rohan 1637 eine Promenade bauen und im 18. Jh. entstand ein Hinrichtungsplatz. Zugleich wurde hier auch immer Gemüseanbau betrieben, ehe im 19. und 20. Jahrhundert der Platz als ideal für

Die massive Reformationsmauer im Parc des Bastions 37

EXTRATIPP

Märkte auf der Plaine

Der **Wochenmarkt** (Di./Fr. 6.30–14, So. 8.30–18.15 Uhr) bietet ein relativ preiswertes Angebot an Frischwaren, vor allem Käse (Gruyère!) und Wurstwaren der Bauern aus der Umgebung. Sonntags gibt es dazu Verkaufsstände mit Neuwaren (Kleidung, Haushaltwaren etc.). Jeden Mi. und Sa. 6.30 bis 17.30 Uhr bzw. 18.30 (Sommer) sowie jeden 1. So. im Monat findet ein riesiger **Flohmarkt** *(Marché aux puces)* statt. Da überwiegend Privatleute verkaufen, kann man mit etwas Glück gute Schnäppchen machen (Keramik, Haushaltswaren, Bücher, Comics, Kleidung ...).

Kundgebungen und Demonstrationen befunden wurde.

Während der beiden Weltkriege fungierte das Areal auch als Aufmarschplatz, verkam danach aber mehr und mehr und wurde zum Parkplatz, auf dem seit 1970 regelmäßig ein großer Flohmarkt stattfindet. Ein Wochenmarkt wurde installiert und die Plaine dient als **Festplatz für Zirkus, für Freiluftkino, Konzerte und andere Veranstaltungen.** Obwohl er inzwischen auch mit einem Pétanque- und Kinderspielplatz sowie einer Skaterbahn versehen wurde, hat der Platz den Charme einer tristen Asphaltfläche aus den 1970er-Jahren noch immer nicht ganz ablegen können.

Auf der anderen Seite der Plaine, mitten im Stadtviertel, befindet sich der weitläufige, idyllisch-parkartige Stadtteilfriedhof, der **Cimetière de Plainpalais** oder **du Roi** [I9] (Rue des Rois 10, tgl. 7.30–19 Uhr). Hier sind einige Genfer Persönlichkeiten begraben, z. B. Jean Calvin (Grab Nr. 707), der Maler Calame (Nr. 603), General Dufour (Nr. 701) oder der argentinische Schriftstellers Jorge Luis Borges (Nr. 735).

38 Place Rond Point de Plainpalais ★ [J10]

Die Place Rond Point de Plainpalais wirkt als östliches Verbindungsglied zwischen Plaine de Plainpalais und Parc des Bastions auf den ersten Blick wie ein unattraktiver Verkehrsknotenpunkt. Doch dann entdeckt man die **ungewöhnlichen Bronzegruppen wartender Menschen,** die Gérald Ducimetière (alias John Aldus) hier aufgestellt hat und die wegen ihrer täuschenden Echtheit der Haltestelle einen besonderen Reiz geben. Auch die sich ringsum aufreihenden Cafés und Kneipen wie das Café du Rond Point locken zum Verweilen.

› Haltestelle: „Plainpalais" (Tram 12, 15 und 18)

39 Musée d'Art Moderne et Contemporain – MAMCO ★ [I10]

Dass das Viertel Plainpalais schwer im Kommen ist, zeigt auch das Musée d'Art Moderne et Contemporain (MAMCO). In einer renovierten alten Fabrikhalle befinden sich seit 1994 einerseits Ausstellungsräume, andererseits Künstlerateliers. **Zeitgenössische Kunstwerke** von den frühen 1960er-Jahren bis heute werden gezeigt, von Installationen und Videokunst über Malerei bis hin zu Fotos und Skulpturen. Großteils handelt es sich um Leihgaben oder Geschenke.

Im gleichen Bau befindet sich das **Centre d'Art Contemporain Genève,** wo ebenfalls zeitgenössische Kunst, vor allem von jungen Talenten aus der Schweiz, aber auch von internationalen Künstlern in ungewöhnlichen

KLEINE PAUSE

Künstlertreff

Im **Café des Bains** (s. S. 66) gegenüber dem MAMCO treffen sich Galeristen und Künstler, um einen Latte macchiato zu genießen oder ein preiswertes Tagesgericht (CHF 29) zu essen. Das Café verfügt über eine schöne Bar und Plätze im Freien.

Sonderausstellungen gezeigt wird. Zudem gibt es Aufführungen und Multimedia-Events.

› Rue des Vieux-Grenadiers 10, www.mamco.ch. MAMCO: Di.–Fr. 12–18 Uhr, Sa./So. 11–18 Uhr, CHF 15 (am ersten Sonntag im Monat frei). Centre d'Art Contemporain: www.centre.ch, Di.–So. 11–18 Uhr, Eintritt frei, Haltestelle: „Bains" (Bus 2, 19)

40 Patek Philippe Museum ★★★ [I10]

Die renommierte Genfer Uhrenmanufaktur hat ein überaus modernes und informatives Uhrenmuseum voller unschätzbar wertvoller Stücke zur Firmen-, aber auch zur Uhrengeschichte im Allgemeinen eingerichtet.

Auch wer sich für derartige Preziosen nicht interessiert, muss das Museum, das sich in einem renovierten Fabrikbau aus dem frühen 20. Jh. befindet, zumindest im Schnelldurchlauf erkunden: Es geht hier nicht nur um Edeluhren dieser Firma, deren teuerstes Stück für $ 11 Mio. verkauft wurde. Sehenswert ist im zweiten Stock der **Querschnitt durch die Uhrmacherkunst** vom 16. bis zum 20. Jh. in Genf, in der Schweiz und in ganz Europa.

Damit eng verbunden sind verschiedene **Schmuck- und Emailliertechniken** zu bewundern. Nach einem eher unterhaltsamen als informativen Einführungsfilm im Erdgeschoss, in dem sich auch alte Gerätschaften zur Uhrenherstellung befinden, geht es im ersten und dritten Stock um die 1839 gegründete Firma und ihre Produkte. Im oberen Geschoss befindet sich zudem eine einzigartige Bibliothek.

› Rue des Vieux-Grenadiers 7, www.patekmuseum.com, Di.–Fr. 14–18 Uhr, Sa. 10–18 Uhr, CHF 10 (mit Geneva Pass frei), Taschen und Fotografieren nicht erlaubt. Haltestelle: „Musée d'ethnographie" (Bus 2, 19), „Plainpalais" (Tram 12, 15, 18)

41 MEG – Musée d'Ethnographie de Genève ★★★ [I10]

Das MEG ist nicht nur wegen des ungewöhnlichen Neubaus und des Cafés einen Besuch wert. Allein die Präsentation der Dauerausstellung ist sehenswert und instruktiv, dazu kommen ungewöhnliche Sonderausstellungen.

Von Uhren zu **kunstvollen Masken, Kult- und Alltagsgegenständen** aus Afrika, Amerika, Asien oder Ozeanien ist es quasi nur ein Katzensprung: Im MEG gibt es eine überaus sehenswerte Dauerausstellung zur Kultur aller fünf Kontinente unter dem Namen Archives de la diversité humaine, die überaus attraktiv aufgemacht ist. Dazu kommen eine **historische Musikinstrumentensammlung** und sehenswerte Wechselausstellungen.

Das im **Quartier des Bains** gelegene historische Gebäude wurde 2014 von dem architektonisch sehenswerten, modernen Neubau abgelöst, in dem sich nun die großzügigeren Ausstellungsräume befinden, was das MEG zu einem der besten Volkskundemuseen der Schweiz gemacht hat.

› Bd Carl-Vogt 65, www.ville-ge.ch/meg, Di.–So. 11–18 Uhr, frei (Sonderausstellungen CHF 9), Haltestelle: „Musée d'ethnographie" (Bus 2, 19)

Entdeckungen außerhalb der Cité

Man sollte auf keinen Fall einen Abstecher zur Zone Internationale versäumen, wo sich die UNO-Gebäude und das Museum des Roten Kreuzes befinden. Ein Kontrastprogramm bilden die beiden stadtnahen Vororte Carouge und Cologny. Schließlich lohnt für Fußballfans ein Blick auf bzw. in das EM-Stadion.

Zone Internationale

Genf ist **Sitz von rund 100 internationalen Regierungs- sowie etwa 250 Nichtregierungsorganisationen (NGOs)**, die sich zum Großteil um den Sitz der Vereinten Nationen im Norden der Stadt gruppieren. Eigentlich handelt es sich hierbei um keinen „Ausflug", da man das Viertel sogar leicht zu Fuß beziehungsweise nach kurzer Fahrt mit Straßenbahn und Bus erreicht. Dennoch ist das Areal überraschend andersartig und man könnte fast von einer **„Stadt in der Stadt"** sprechen. Um diese zu erkunden, sollte man für den Besuch mindestens einen halben Tag einplanen.

Besonders in der sogenannten Zone Internationale tritt das **multikulturelle und vielsprachige Antlitz der Stadt** zutage, denn Abgesandte aus aller Herren Länder gehen in den verschiedensten Institutionen, darunter über 170 Ländermissionen, ein und aus. Viele der internationalen Organi-

103ge Abb.: mb

> *Das Weltpatentamt in Genf*

sationen sind im Umkreis der Place des Nations [I4] versammelt, allerdings sind nur ein paar auch für Besucher zugänglich und interessant.

Mehrere große offizielle Weltorganisationen finden sich in direkter Nachbarschaft zueinander und zum UNO-Hauptquartier: die Weltwirtschaftsorganisation WTO (kein Teil der UNO), die Zentrale des IKRK (Rotes Kreuz), die Weltgesundheitsorganisation WHO, das Internationale Arbeitsamt ILO sowie der Ökumenische Rat der Kirchen und das UN-Hochkommissariat für Menschenrechte UNHCR.

42 Palais des Nations ★★★ [J3]

Genfs Norden wird von den Bauten der UNO beherrscht, im Zentrum steht der Palais des Nations.

An der Tram-Endhaltestelle liegt die **Place des Nations**, auf der als Denk- und Mahnmal gegen den Gebrauch von Landminen ein überdimensionierter Stuhl mit einem zerbrochenen Bein und zwei Fresken des Schweizer Künstlers Hans Erni (*1909) ins Auge stechen. Eine **fahnengeschmückte und streng gesicherte Allee** führt zu dem imposanten Palais des Nations (Palast der Vereinten Nationen), allerdings dürfen „Normalbesucher" diesen repräsentativen Weg nicht beschreiten. Ihr Eingang in den europäischen Sitz der UNO – oder auf Französisch „ONU" – liegt einen guten halben Kilometer entfernt im Norden, an der Avenue de la Paix 14.

Jene Institution, deren Hauptziele die Friedenssicherung und der Kampf gegen die Armut sind, residiert in einem Komplex, der zweimal so groß ist wie das Schloss von Versailles, doch nur der Hauptbau aus den 1930er-Jahren darf in Touren besichtigt werden. Der UN-Komplex befindet sich **auf exterritorialem Terrain** mit Autonomie in Rechtsprechung, Steuerangelegenheiten, Zoll und Post. Über 25.000 Abgeordnete gehen hier jährlich ein und aus. Die Amtssprachen sind Englisch und Französisch, weitere Umgangssprachen sind Russisch, Arabisch, Spanisch und Chinesisch.

1929–36 als **Völkerbundpalast** mit einer dem Palais de Versailles nachempfundenen Fassade erbaut und seit 1946 Sitz der Vereinten Nationen, ist das Palais des Nations international das **zweitwichtigste Gebäude der UNO** nach dem Hauptkomplex in New York. Weitere Vertretungen befinden sich in Wien und Nairobi.

1968 und 1973 wurde das architektonisch eher unauffällige, neutral wirkende Gebäude um zwei Seitenflügel erweitert. Der gesamte Bauplatz wurde in den 1920er-Jahren dem Völkerbund zur Verfügung gestellt. Gustave Revilliod, auf den auch das Musée Ariana 43 zurückgeht, hatte 1890 seinen gesamten Besitz der Stadt vermacht unter der Prämisse, hier begraben zu werden. Im Jahr 1928 tauschte die Stadt einen Teil ihres Besitzes gegen Ufergrundstücke des Völkerbunds. So wurde der westliche Teil des ehemaligen Revilliod-Besitzes zum Völkerbund- und schließlich UNO-Areal, der

EXTRATIPP

Direkt neben dem UNO-Besuchereingang befindet sich die Hotelfachschule École Hôtelière de Genève mit eigenem, empfehlenswertem Haute-Cuisine-Restaurant in der edlen Villa Vieux-Bois:

6 [I3] **Restaurant Vieux-Bois,**
Av. de la Paix 12, Tel. 022 9192426,
www.restaurant-vieux-bois.ch,
Mo.–Fr. 12–14.30 Uhr

östliche blieb hingegen städtisch und wurde zum Botanischen Garten 31 umfunktioniert.

› **Besichtigung:** Visitors' Service, Palais des Nations, Av. de la Paix 14, www.unog.ch, Mo.–Fr. 10–12 und 14–16 Uhr, Touren 10.30/12/14.30/16 Uhr, April–Aug. auch Sa., CHF 12, mit Shop. Da es häufig aufgrund von Personen-/Passkontrollen zu langen Wartezeiten beim Einlass kommt, sollte man genügend Zeit einplanen. Vom Eingangsgebäude geht es zum Infozentrum am Gate 39, wo die (eher oberflächlichen) 60-Min.-Führungen durch den Bau – u. a. durch den Salle des Assemblées/Assembly Room, der mit 2000 Plätzen größer ist als die Pariser Oper, den Salle des Conseils (Spanischer Saal) oder den Salle des Pas Perdus – beginnen.

› **Haltestelle:** „Nations" (Tram 15, Bus 5, 11, V, Z), „Appia" (Bus 8, 28, V, Z)

43 Musée Ariana ★★ [I3]

In einer historischen Villa neben dem Palais des Nations ist eine ungewöhnliche Sammlung an Keramik, Glas, Porzellan und Fayence aus sieben Jahrhunderten zu sehen.

Vom Stifter des heutigen UNO-Areals, Gustave Revilliod, ist noch sein im Jahr 1884 eingerichtetes Musée Ariana quasi vor den Toren des Palais des Nations erhalten. Die von viel Grün umgebene, Ende des 19. Jahrhunderts erbaute, auch architektonisch beeindruckende Villa birgt eine **ungewöhnliche Sammlung an Keramik, Glas, Porzellan und Fayence** – rund 20.000 Kunstgegenstände aus sieben Jahrhunderten sind hier versammelt.

Der sich hier anschließende **Park der Villa** gehört der UNO und ist seit den Terroranschlägen vom 11.9.2001 **nicht mehr zugänglich.** Ein Blick auf den alten Baumbestand und den üppig mit Kunstwerken – meist Gastgeschenke von Repräsentanten aus aller Welt – ausgestattete Park ist lediglich durch Fenster hier und im Palais des Nations möglich.

› Av. de la Paix 10, http://institutions.ville-geneve.ch/fr/ariana, Di.–So. 10–18 Uhr, Eintritt frei (außer bei Sonderausstellungen: CHF 10), Haltestelle: „Appia" (Bus 8, 28, V, Z)

44 Musée international de la Croix-Rouge et du Croissant-Rouge ★★ [I3]

Im Untergeschoss dieses modernen Museums wird der Besucher multimedial in die bewegte Geschichte und eindrucksvolle Tätigkeit des Roten Kreuzes und des Roten Halbmonds eingeführt.

Gegenüber dem Besuchereingang zum Palais des Nations 42 befindet sich das Musée International de la Croix-Rouge et du Croissant-Rouge, das Internationale Museum des Roten Kreuzes und des Roten Halbmonds.

Allein der moderne Bau mit seinen Kunstwerken im Eingangsbereich ist sehenswert, im Inneren spielt die multimediale Aufbereitung der Geschichte von Rotem Kreuz und Rotem Halbmond eine große Rolle, wobei auf die Emotionen der Besucher gezielt wird. Informationen kommen hingegen etwas zu kurz. Jede Abteilung wurde von einem anderen Architekten konzipiert. Sie widmen sich folgenden Themen: Die Menschenwürde verteidigen, Risiken von Naturgefahren begrenzen, Familienbande wieder herstellen. Dazu kommen Sonderausstellungen.

1988 zu Ehren Henri Dunants und seiner Nachfolger eröffnet, werden in elf Abteilungen die Grundsätze, die Geschichte und die praktische Arbeit

Henri Dunant und das Rote Kreuz

118ge Abb.: mb

Bereits in jungen Jahren war der am 8. Mai 1828 in Genf in der Rue Verdaine 12 als Sohn eines Kaufmanns geborene Henri (auch „Henry") Dunant ***besessen von humanitären Ideen.*** *1847 gründete er auf dem elterlichen Landgut die sogenannte „Donnerstags-Vereinigung", ein loser Bund junger Menschen, die gute Taten leisteten. Aus dieser Vereinigung ging 1852 der „Christliche Verein Junger Männer" (CVJM) hervor. Schulisch ohne großen Erfolg verließ Dunant im gleichen Jahr das Gymnasium und begann eine Banklehre, um sich ab 1853 Algerien zuzuwenden und dort u. a. eine Kolonialgesellschaft zu gründen sowie ein Getreidemühlenprojekt ins Leben zu rufen.*

Zwei Tage im Juni 1859 sollten Dunants Leben ein für alle Mal verändern. Damals erlebte er hautnah die ***Schlacht von Solferino*** *südlich des Gardasees, bei der ein französisch-italienisches Herr die Österreicher schlug. An einem einzigen Tag wurden dort 40.000 Tote und Verletzte verbucht. Unter dem Motto „tutti fratelli" - „alle sind Brüder" - rief daraufhin Dunant eine* ***spontane Hilfsaktion*** *mit der örtlichen Landbevölkerung für die auf dem Schlachtfeld verbliebenen Verwundeten ins Leben.*

Nach seiner Rückkehr entstand sein Bericht „Eine Erinnerung an Solferino", worin Dunant vorschlägt, „ ... irgendeine internationale, rechtsverbindliche und allgemein hochgehaltene Übereinkunft zu treffen, die, wenn sie erst festgelegt und unterzeichnet ist, als Grundlage dienen könnte zur Gründung von Hilfsgesellschaften für Verwundete". Mit diesem 1862 erschienenen Werk stieß er auf großes Interesse und am 17. Februar 1863 gründeten fünf Personen - Dunant, General Guillaume-Henry Dufour, der Jurist Moynier sowie die beiden Ärzte Appia und Maunoir - in Genf das ***„Internationale Komitee der Hilfsgesellschaften für die Verwundetenpflege".*** *Der Fünferrat verfasste in weiterer Folge die erste Genfer Konvention und legte so den Grundstock für das Internationale Komitee vom Roten Kreuz (IKRK).*

Dank Dunants Engagement entstanden in aller Welt Hilfsorganisationen, neutrale Helfer wurden rekrutiert und als ***markantes Zeichen*** *wurde das rote Kreuz auf weißem Grund, ein weißes „Banner mit Purpurkreuz" - die* ***umgedrehte Schweizer Fahne*** *- gewählt. Im Russisch-Türkischen Krieg (1876-1878) kam dann der Rote Halbmond als gleichbedeutendes Emblem für islamische Länder dazu. Er wurde 1929 dem Roten Kreuz gleichgestellt und seit 2007 ergänzt das Rote Kristall* *beide Symbole – das Zeichen des dritten Zusatzprotokolls, das auch andere Glaubensgruppen außer Christen und Moslems integriert.*

Nach 1919 entschloss man sich, auch in Friedenszeiten Dienst am Menschen zu leisten und 1949 wurde mit dem ***Genfer Abkommen der Schutz der Zivilbevölkerung*** *festgehalten. Heute existieren weltweit etwa 200 anerkannte nationale Gesellschaften, von denen rund ein Sechstel dem Roten Halbmond zugehört. Die Föderation hat ihren* ***Hauptsitz in Genf*** *und darüber hinaus 14 Regionalbüros in aller Welt. Die 1965 auf der Wiener Konferenz beschlossenen und 1986 in die Statuten aufgenommenen gemeinsamen sieben Grundsätze sind Menschlichkeit, Unparteilichkeit, Neutralität, Unabhängigkeit, Freiwilligkeit, Einheit und Universalität.*

Dunant selbst war weniger Erfolg beschieden: In Algerien ging er in Konkurs, floh vor seinen Gläubigern nach Paris und London, verarmte und war auf Hilfe seiner Familie angewiesen. Schließlich landete er in einem Altenheim am Bodensee. Dort „entdeckte" ihn ein Journalist und so wurde ihm, wenn auch spät, die gebührende Anerkennung für sein Lebenswerk zuteil: 1901 erhielt er zusammen mit Frédéric Passy den ***ersten Friedensnobelpreis.*** *Am 30. Oktober 1910 starb er im genannten Altenheim und wurde in Zürich bestattet.*

◁ Henri Dunant – im Musée international de la Croix Rouge

des Roten Kreuzes geschildert. Moderne Medien wie Installationen, Objekte, Filme, Computerterminals, Diashows, Fotos, aber auch klassische Ausstellungsstücke wie Skulpturen machen den Besuch des Museums sowohl abwechslungsreich als auch unvergesslich.

› Av. de la Paix 17, Tel. 022 7489511 www.redcrossmuseum.ch/de, Di.–So. 10–18, im Winter bis 17 Uhr, CHF 15, mit Restaurant und Shop, Haltestelle: „Appia" (Bus 8, 28, V, Z)

45 UNHCR ★ [J5]

In der Nähe der Place des Nations liegt der **auffällig moderne Bau des UNHCR** – *Mission du Haut Commissariat des Nations Unies pour les Réfugiés* –, d.h. des UNO-Hochkommissariats für Flüchtlinge (www.unhcr.ch).

Dort gibt es ein **kleines, informatives Besucherzentrum**, das über Flüchtlinge in aller Welt und die Aktivitäten der Organisation berichtet, und eine Bibliothek. 1951 ins Leben gerufen, erhielt die Institution jeweils 1954 und 1981 den Friedensnobelpreis. Gegenüber befindet sich ein **Denkmal**, das an die im Dienst umgekommenen Mitarbeiter erinnern soll.

› Rue de Montbrillant 94, www.unhcr.org, Mo. 14–16, Di.–Fr. 9.30–12 u. 14–16 Uhr, Haltestelle: „Nations" (Tram 15, Bus 8, V, Z)

EXTRATIPP

Am Seeufer entlang

Nach erfolgter Besichtigung der Zone Internationale bietet sich ein **Spaziergang** durch den Botanischen Garten 31 und entlang dem Seeufer zurück in die Stadt an. Für die rund 4 km sollte man zwar mindestens eine gute Stunde veranschlagen, doch der Weg ist kurzweilig.

46 Carouge ★★★ [I13]

Ist Genf selbst von großen Prachtbauten französischen Einschlags geprägt, präsentiert sich das benachbarte Carouge als dörfliches Idyll. Lange Zeit im Besitz des Königreichs von Piemont, glaubt man sich hier plötzlich nicht mehr in der Schweiz oder Frankreich, sondern nach Norditalien versetzt. Hat man den Fluss Arve mit der Tram 12 oder 18 – vom Stadtzentrum nur ein Katzensprung – überquert, taucht man ein in eine andere Welt.

Ehemals ein Teil des unabhängigen Königreichs Piemont-Sardinien, gilt die 1754 gegründete Siedlung als **urbanistisch einzigartig in Europa.** Dass sie auf Anordnung des Königs von Sardinien zum großen Teil im 18. Jh. von Turiner Architekten im piemontesischen Baustil erbaut wurde, erklärt den komplett anderen, **südländisch-italienischen Charakter.**

Im Schachbrettmuster um die **Place du Marché** angelegt, fallen niedrige Häuser mit Galerien und malerischen Gärten auf der Rückseite auf. Erst 1816 erfolgte der Anschluss der savoyisch-katholischen Gemeinde an den damals protestantisch-calvinistischen Kanton Genf.

Die Atmosphäre ist bis heute dörflich und das Städtchen war schon im 18. und 19. Jh. wegen seiner Lokale bei den Genfern als Ausflugsziel beliebt. Heute haben sich in Carouge viele Künstler (z. B. Roger Pfung und Isabelle Hoffmann) und Kunsthandwerker niedergelassen – der berühmte Comiczeichner Zep kam hier als Philippe Chappuis zur Welt.

EXTRATIPPS

Bummeln in Carouge

Empfehlenswerte Lokale in Carouge sind das kleine Lokal **La Table** (s. S. 66) oder **Au Vieux Carouge,** wo es das beste Fondue weit und breit geben soll.

7 [I14] **Au Vieux Carouge** €€, Rue Jacques Dalphin 27

Die Confiserien **Rohr** oder **Martel** und die Bäckerei **Wolfisberg** (s. S. 78) sind ideal für Süßmäuler.

8 [J13] **Confiserie Rohr,** Rue Vautier 7

9 [I14] **Confiserie Martel,** Rue de Marché 8

Zur Abendunterhaltung bieten sich das **Théâtre des Amis** oder der Jazzklub **Au Chat Noir** (s. S. 69) an.

10 [I13] **Théâtre des Amis,** Place Temple 8

104ge Abb.: mb

◁ *Samstags ist Markttag in Carouge*

Es gibt zahlreiche hübsche Ateliers, Galerien und Boutiquen, dazwischen Cafés, Bäckereien und einige sehr empfehlenswerte Lokale und nicht ohne Grund wird der Ort mit seinen Großmärkten auch als der „Bauch von Genf" bezeichnet. Absolut lohnend ist ein Bummel zwischen den beiden Tramstationen „Marché" und „Armes" durch die denkmalgeschütze Altstadt. Besonders schöne Fassaden sind in der **Rue Ancienne** zu bewundern. Sie geht über in die Rues du Marché und St. Victor, zu der parallel die einkaufstechnisch besonders attraktive Rue St. Joseph verläuft.

Ein bunter **Wochenmarkt** auf der Place du Marché um die katholische Kirche Église Sainte-Croix findet regelmäßig mittwochs und – dann größer –samstagvormittags (6–14 Uhr) statt. Man bekommt Käse- und Wurstspezialitäten aus der Region und aus Frankreich, lokalen Wein (ein Tipp!), Gemüse und Obst. Von März bis Dezember gibt es donnerstags von 14 bis 21 Uhr einen sogenannten *marché nocturne,* einen Nachtmarkt. Ein paar Schritte entfernt, an der Place de Sardaigne, liegt ein Musterbeispiel der typischen Architektur von Carouge: das Haus eines ehemaligen Uhrmachers von 1789 mit sardischem Garten. Heute beherbergt es das **Musée de Carouge** (s. S. 60) mit einer umfangreichen Sammlung an Töpferwaren aus großteils lokaler Herstellung bis hin zu zeitgenössischer Keramik – Carouge war und ist berühmt dafür.

Die nur wenige Schritte entfernte **Place du Temple** ist Symbol für den Beitritt Carouges zur Schweiz 1816. Dominiert wird er von einem mächtigen Tempel im klassizistischen Stil. Um den Brunnen auf der Platzmitte hat die empfehlenswerte Café-Bäckerei Wolfisberg (s. S. 78) Tische und Stühle aufgestellt. Übernachten lässt sich gut und günstig im Ibis Style Carouge (s. S. 116).

- **Infos** im Internet: www.carouge.ch
- **Haltestelle:** „Marché" (Tram 12 oder 18 u. a. ab Bel-Air, ca. 10 Min.)

47 EM-Stadion Stade de Genève ★ [G15]

Schlicht und zweckmäßig wirkt das 2003 erbaute Stade de Genève, Austragungsort von drei EM-Spielen im Juni 2008. Zum Komplex gehört das nördlich gelegene **Einkaufszentrum La Praille** (s. S. 78). Über 60 größere und kleinere Läden, darunter eine große Filiale von Ochsner Sport, ein CD-Laden und ein gut sortierter Coop-Supermarkt, eine Spielearkade und ein Fitnesszentrum sorgen für Abwechslung.

Der Komplex befindet sich zwischen den Vororten Lancy und Carouge, in wenig attraktiver Lage zwischen einem Industriegebiet und Bahnanlagen. Im Juni 1997 hatte der Kanton Genf hier im Quartier La Praille, auf dem Areal des ehemaligen Schlachthofes, den Bau eines neuen Stadions beschlossen. Damals gehörte der lokale **Fußballverein Servette Genf** (s. S. 52) noch zu den Schweizer Topklubs und spielte im 1930 erbauten, in die Jahre gekommenen Stade des Charmilles.

Die Bauarbeiten am neuen Stadion begannen am 27. März 2000, die **offizielle Eröffnung** fand am 30. April 2003 mit einem Länderspiel zwischen der Schweiz und Italien (1 : 2) statt. Insgesamt verfügt das Stadion über gut 30.000 überdachte Sitzplätze, Stehplätze gibt es nicht. Die Haupttribüne liegt im Westen, hier befindet sich auch der VIP-Sektor mit

Servette Genf

*Das Sportgeschehen von Genf dominiert die **Eishockeymannschaft** Genève-Servette. 1905 gegründet, war der Verein bis zum Zusammenschluss mit dem HC Genève im Jahr 1963 Teil des Clubs Servette. Die „Aigles", die Adler, die regelmäßig über 5000 Fans begeistern, spielen seit 2001 in der höchsten Liga und zählen zu den Spitzenteams des Schweizer Eishockeys.*

*Die **Fußballer** von Servette, die „Grenats", gelten als Schweizer Traditionsmannschaft und haben seit Gründung 1890, zunächst als Rugby-Club, immerhin 17 Meistertitel gewonnen. Der letzte Erfolg liegt jedoch lange zurück (1999) und derzeit kämpft das Team in der 2. Liga um die Rückkehr zur Spitze.*

*Die „Lions", die **Basketballer** der Stadt, zählen derzeit zu den besten Teams in der Schweiz. Die Löwen wurden bisher je zweimal Meister (2013, 2015) und Pokalsieger (2014, 2017).*

› ***Genève-Servette Hockey Club,** Chemin de la Gravière 4, CH-1227 Les Acacias, www.gshc.ch. Spielstätte:*

•12 *[H11] **Patinoire des Vernets,** Rue Hans-Wilsdorf 4-6, Tram 15 bis „Acacias" und kurzer Fußweg*

› ***Servette Football Club Genève,** Av. de Pailly 11, CH-1219 Châtelaine, www.servettefc.ch. Spielstätte: Stade de Genève* 47

› ***Lions de Genève,** Spielstätte:*

•13 *[G3] **Salle du Pommier,** Chemin du Pommier 11, Le Grand-Saconnex (nahe Flughafen, Bus 3 bis „Gardiol"), Infos und Tickets: www.lionsdegeneve.ch*

1226 Plätzen und 29 Privatlogen sowie die Pressetribüne. An der außen umlaufenden Esplanade findet man Versorgungskioske und Souvenirstände sowie zwölf Ausgänge.

› Stade de Genève/Fondation du Stade de Genève, Route des Jeunes 16, Carouge, www.stade.ch, Touren CHF 15

› **Anfahrt:** Tram 15 bis „P+R Étoile" u. 20 Min. Fußweg, Tram 12 bis „Bachet-de-Pesay" u. kurzer Fußweg, Bus D und 4 (ab Gare Cornavin) direkt zum Stadion

48 Cologny ★★ [R6/7]

Im östlichen Vorort Cologny wohnen reiche Genfer und Ausländer, Persönlichkeiten und Stars aus aller Welt, die die gediegene Ruhe schätzen und den Blick auf den See genießen.

Cologny ist eine eigene Stadt, grenzt jedoch direkt nordöstlich an der Rive Gauche an den Parc Eaux-Vives 22 und damit an Genf an. Cologny ist das „Bonzenviertel" von Genf, hier kosten die Immobilien utopische Summen und hier befinden sich die Villen der Adeligen, Unternehmer, Stars und arabischen Ölscheichs. **Lord Byron** wohnte einst hier und veranstaltete mit Percy Shelley und dessen späterer Frau Mary Shelley im verregneten Sommer 1816 ein „Wettschreiben". Dabei verfasste Mary unter Pseudonym den legendären fantastischen Roman „Frankenstein".

Die einzige, aber umso empfehlenswertere Attraktion im Ort ist die **Fondation Martin Bodmer** (s. S. 59). Dabei handelt es sich eigentlich „nur" um die Privatbibliothek von Martin Bodmer (1899–1971) – Philanthrop, Büchersammler und Mäzen aus Zürich, der sich ab Beginn des Zweiten Weltkriegs für das Rote Kreuz engagierte und nach Genf zog. 1951 brachte er seine Büchersammlung nach Cologny, für die Öffentlichkeit zugänglich ist sie seit 2003 in einem **dezent-modernen Bau des Stararchitekten Mario Botta** aus Lugano. 160.000 Dokumente in etwa 80 Sprachen und aus drei Jahrtausenden werden quasi unterirdisch auf beeindruckende Weise präsentiert.

Selbst wer für derartig trockene Materie an sich wenig übrig hat, sollte sich diese attraktiv aufgemachte Sammlung nicht entgehen lassen. Originalmanuskripte und 270 Inkunabeln (Schriften aus der Frühzeit des Buchdrucks, bis Ende 1500), z. B. eine Gutenberg-Bibel, griechische und koptische Papyri (u. a. die Komödien des Mänander), die Urschrift der Märchen der Brüder Grimm, Erstfassungen von Prosa wie Lessings „Nathan der Weise" und zahllose Erstausgaben wichtiger Werke der Weltliteratur bilden das Herz der Kollektion, die heute von der Stiftung Martin Bodmer verwaltet wird. Der das Museum **umgebende Park** ist ideal zum Verweilen und um den Blick auf See und Stadt zu genießen. Er ist allerdings **derzeit wegen Bauarbeiten nicht zugänglich.** Es entsteht eine unterirdische Expansion, die Restaurierungswerkstätten, ein Café und andere neue Räumlichkeiten enthalten soll. Die Eröffnung ist für **2019** geplant.

Die Fondation liegt nahe dem **Ortskern von Cologny:** Hier stehen an einem romantischen Platz die Dorfkirche und ein paar Schritte weiter das **Centre Villageois,** ein Musterbeispiel des modernen Städtebaus mit Wohnungen, Cafés und Läden inmitten einer Grünanlage.

› **Anfahrt:** Mit Bus A ab Zentrum bis Haltestelle „Cologny-Temple", von dort kurzer Fußweg zur ausgeschilderten Fondation

059ge Abb.: mb

Bodmer; Empfehlung für den Rückweg: schmaler ausgeschilderter Fußweg etwa 1,5 km hinunter zur Genève-Plage 23, von dort per Mouette (Wassertaxi), Bus oder zu Fuß zurück ins Zentrum

49 Hermance ★

Gut 15 km nordöstlich von Genf entfernt, aber noch im Kanton direkt an der Grenze zu Frankreich gelegen, befindet sich das mittelalterlich wirkende, kleine Hermance.

Die den malerischen Ort überragende **Festung La Tour** (Rue du Couchant 15) stammt aus dem 12. Jh., die Mehrzahl der Wohnhäuser aus dem 15. und 16. Jh. 1271 erstmals als „Eremencia" erwähnt, gehörte die Siedlung ab 1355 mit einigen Unterbrechung zum Reich der Savoyer, die den Ort als Stützpunkt gegen Genf nutzten. Erst 1815 wurde Hermance schließlich dem Kanton Genf zugeschlagen.

Sehenswert: die Fondation Martin Bodmer (s. S. 59) in Cologny

Die Weinregion Genf

Der Weinanbau in der Schweiz ist ***den Römern zu verdanken,*** *seine Fortentwicklung und sein Aufstieg den umgebenden vier Weinbauländern – Frankreich, Italien, Deutschland und Österreich –, den geologischen und klimatischen Gegebenheiten sowie dem Innovationsgeist und Geschäftssinn der Schweizer. Der Weinanbau verteilt sich heute auf* ***drei Anbaugebiete:*** *die Ostschweiz (Deutsch und Rätoromanisch), die französischsprachige Westschweiz und den Kanton Tessin (Italienisch).*

Die Rebflächen der Schweiz umfassen rund 15.000 ha (Deutschland: ca. 103.000 ha), drei Viertel davon liegen in der Westschweiz. Die wichtigsten Weinkantone sind das Wallis (Valais), gefolgt von Waad (Vaud), Genf und Tessin (Ticino). Die Deutschschweiz im Gesamten steht flächenmäßig an dritter Stelle, die Suisse Romande führt die Liste an. Nahe Genf erstrecken sich zu Füßen des Jura Weinberge auf ca. 1400 ha Fläche. Das ***Genfer Weinland,*** *national an 3. Stelle rangierend, gilt als* ***eine der dynamischsten Weinbauregionen*** *der Schweiz mit rund 95 Weingütern. Zudem war der Genfer der erste Kanton, der Gesetze für die Produktion von Weinen mit kontrollierter Herkunft einführte.*

Vorteilhaft für den Weinbau *in dieser Region ist nicht nur die Hügellandschaft am westlichen Ende des Genfer Sees, die die mechanische Bearbeitung erleichtert, sondern auch das günstige Klima, die Bodenbeschaffenheit und die Erfahrungen mit der Weinvermarktung. Schon im 1. Jh. n. Chr. erwähnte Plinius d. Ä. rote Trauben namens „L'Allobrogica", benannt nach der hier lebenden keltischen Bevölkerungsgruppe. Der Rebbau wurde im Jahr 912 n. Chr. durch eine Schenkungsurkunde von Rebbergen ans Augustinerkloster Satigny erstmals dokumentiert.*

Im Mittelalter belebte die Kirche den Weinbau neu (Messwein), doch lange importierten die Genfer Wein aus der Savoie. Im 19. Jh. legte man dann wieder Parzellen an und pflanzte Rebstöcke, die jedoch nach der Jahrhundertmitte mehrfach von Krankheiten zerstört wurden. Erst die Gründung von Kooperativen wie Cave du Mandement de Satigny reaktivierte in den 1950er-Jahren den regionalen Weinbau. Seit etwa 1990 ist eine ***neue Winzergeneration*** *am Ruder, die exquisite Tropfen hervorbringt.*

Die Region um Genf umfasst ***drei Appellationen,*** *das Mandement am rechten Ufer der Rhône (Rive Droite) mit rund 790 ha als größte. Zum Mandement gehören die Anbaugebiete um Satigny, Peissy, Russin und Dardagny. Der Appellation werden auch die Rebberge von Céligny und Colley-Bossy zugerechnet. Zweite Appellation ist „Entre Arve et Lac" (ca. 280 ha) mit kleinen Parzellen zwischen Cologny und Hermance mit den Weinbergen von Meinier, Choulex und Jussy. Weitere 270 ha erstrecken sich in der dritten Appellation zwischen Arve und Rhône, „Entre Arve et Rhône": die Weinberge um die Gemeinden Berbex, Lully, Confignon, Soral und Laconnex.*

Während unter den Weißweinen der ***Chasselas*** *dominiert, ist es bei den roten Rebsorten die spätreifende* ***Gamay-Traube*** *und mehr und mehr auch Pinot Noir. Obwohl die Qualität*

des Chasselas („Gutedel") aus dieser Region weit besser ist als ihr landläufiger Ruf, wenden sich Genfer Winzer verstärkt auch den **klassischen Sorten** wie Chardonnay, Pinot Gris (Grauburgunder), Gewürztraminer, Viognier und dem ausgezeichneten Aligoté oder den Rotweinsorten Cabernet Sauvignon und Merlot zu. Eine Schweizer Neuzüchtung ist der **Gamaret (Garanoir),** eine 1970 im Kanton Waadt eingeführte rote Rebsorte, die aus der Kreuzung von Gamay und Reichensteiner (weiß) hervorging.

Auch lohnenswerte **Weinwanderungen** sind möglich (www.geneveterroir.ch/de/weinwanderungen/4549).

› **Zu den empfehlenswerten Weingütern gehören:** Domaine des Esserts, (Essertines/Dardagny, www.domainedesesserts.ch, Weine auch auf dem Carouger Wochenmarkt), Les Perrières (Peissy, www.lesperrieres.ch), Domaine des Molards (Russin, www.molards.ch, auch Carouger Wochenmarkt) oder Domaine de la Vigne Blanche (Cologny, leicht mit Bus A erreichbar, www.lavigneblanche.ch).

18 **Domaine de Châteauvieux,** Chemin de Châteauvieux 16, Peney-Dessus (südlich von Satigny), Tel. 022 7531511, www.chateauvieux.ch. Der Genfer Sternekoch Philippe Chevrier betreibt im Genfer Weinland ein Hotel, ein ausgezeichnetes Restaurant sowie ein Weingut.

› Die wichtigsten **Weinbauorte:** Arve, Celigny, Dardagny, Peney, Satigny

› **Weinfeste** (Fêtes des Vendanges): Im Herbst finden in vielen Weinorten Feste statt, wobei jenes in Russin zu den größten zählt.

› **Weitere Infos:** www.swisswine.ch, www.espace-terroir.ch, www.geneveterroir.ch

EXTRATIPP

Essen, Trinken und Übernachten in Hermance

Chef Andreas Keese zaubert in der **l'Auberge d'Hermance**, einem der Toplokale im Genfer Raum, vorzügliche Gerichte und ausgewählte Menüs. Man kann sie auch auf der malerischen Terrasse genießen. Zudem gibt es in dem liebevoll renovierten, alten Stadthaus insgesamt neun Zimmer und Suiten ab CHF 200.

19 **l'Auberge d'Hermance** €€€, Rue du Midi 12, 1248 Hermance, Tel. 022 7511368, www.hotel-hermance.ch, dienstags und mittwoch mittags geschlossen, So. Brunch und Abendessen.

Zu den Sehenswürdigkeiten gehört **Le Mestral** (Rue du Bourg-Dessus 11), ein festungsartiges Gebäude, das den Adeligen 1596–1714 als Rückzugsort diente. Weiterhin ist die **Église Saint-Georges** (Rue du Bourg-Dessus) ein schönes Beispiel einer für einen Genfer Kanton typischen Dorfkirche mit malerischem Kirchturm.

Die **Ruelle des Galeries** präsentiert sich als typische Straße mit Häusern aus dem 16. Jh., v. a. die Nummern 11–15 sind wegen der Außentreppen, ein klassisches Merkmal der lokalen Architektur, sehenswert. Am **Quai** schließlich bietet sich ein guter Ausblick auf den See und das Juragebirge im Hintergrund.

Hermance liegt bereits im **Genfer Weinland,** genauer in der Weinregion „Rive Gauche“. Wer mobil ist, kann mit Hermance als Standort gut auf Weintour gehen (s. S. 54).

› **Anfahrt:** Mit dem Bus E erreicht man vom Zentrum („Rive“) den kleinen Ort einer guten halben Stunde.

50 CERN ★

Im westlich gelegenen Meyrin, kurz vor der französischen Grenze, liegt CERN, das europäische Zentrum für Kernforschung und weltweit eines der größten Forschungszentren für Teilchenphysik. Berühmt geworden ist es durch die Anfangssequenz in Dan Browns Thriller „Illuminati“, doch Wissenschaftlern ist CERN schon seit Jahrzehnten ein Begriff.

1954 ins Leben gerufen und ausgestattet mit dem größten Labor der Welt, geht es am CERN *(Conseil Européen pour la Recherche Nucléaire)* um Quantenphysik und Teilchenforschung sowie um die Erforschung der **Geheimnisse des Universums** im Gesamten. Etwa 8300 Wissenschaftler aus fast 60 Nationen forschen hier.

Der **größte Teilchenbeschleuniger der Welt,** der sogenannte „Large Hadron Collider“ (LHC), ist im Sommer 2008 in Betrieb genommen worden. Besucher erhalten im 24 m hohen und 40 m im Durchmesser großen Globe of Science and Innovation ebenso wie in der Ausstellung „Microcosm“ einen Einblick in die Arbeit des Forschungslabors und die Mysterien des Universums.

› **CERN – European Organization for Nuclear Research,** Route de Maurin 385 (Zugänge sind ausgeschildert), http://home.web.cern.ch. Ausstellung „Universe of Particales“ im Globe of Science and Innovation sowie „Microcosm“ bei der CERN Rezeption in Building 33 (Mo.–Fr. 8.30–17.30, Sa. 9–17 Uhr), freier Eintritt, http://visit.cern, Audio-Touren. Ein Ausweis ist nötig und Gepäck darf nicht mit in die Ausstellungen genommen werden.

› **Anfahrt:** Tram 18 vom Hauptbahnhof Gare de Cornavin

GENF ERLEBEN

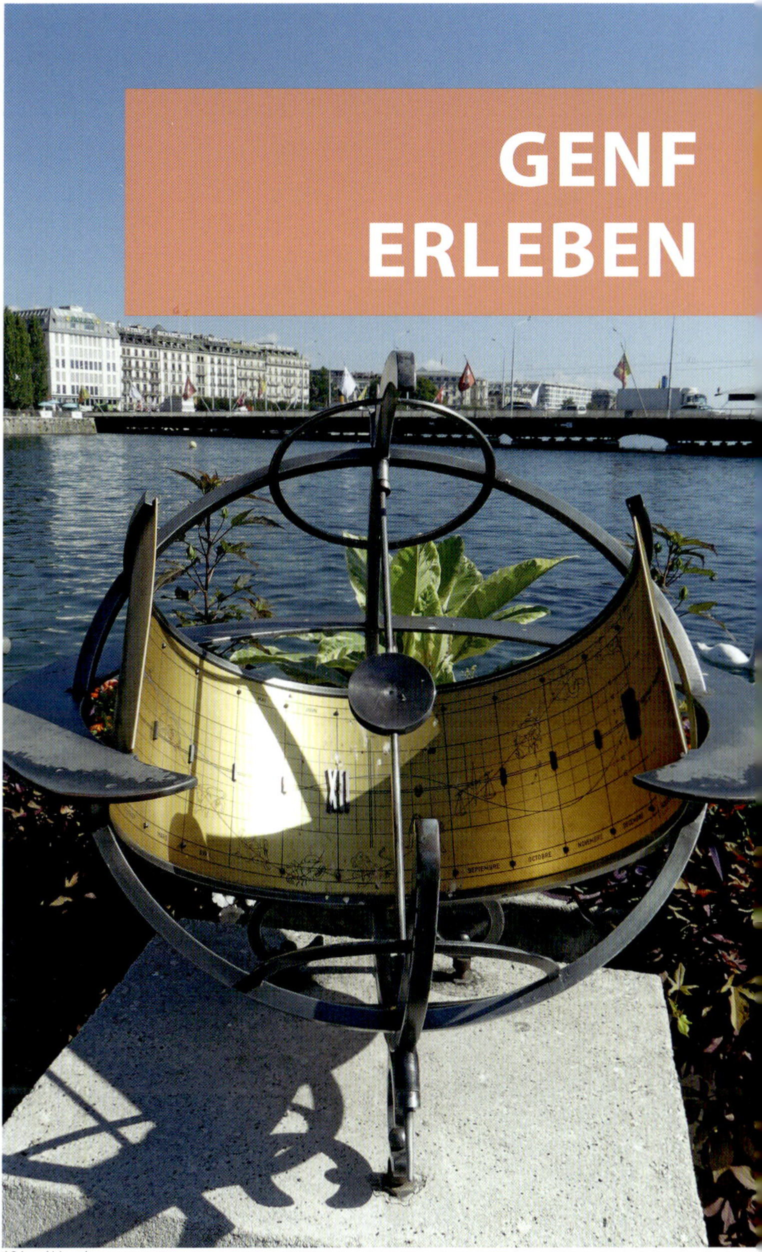

131ge Abb. mb

082ge Abb.: mb

Genf für Kunst- und Museumsfreunde

Anders als beispielsweise Basel ist Genf nicht gerade als Schweizer Kunst- und Museumsstadt bekannt. Dabei gibt es rund 40 öffentliche und private Museen und einige davon sind sogar herausragend und damit ein „Muss", beispielsweise das Musée d'Art et d'Histoire, das Musée International de la Réforme, das Musée International de la Croix-Rouge et du Croissant-Rouge, das Patek Philippe Museum oder die Fondation Bodmer. Beschriftungen sind meist auf Französisch und Englisch, seltener auch auf Deutsch.

Museen

Musées d'Art et d'Histoire

› **Cabinet d'Arts Graphiques,** am MAH 14, Promenade du Pin 5, http://institutions.ville-geneve.ch/fr/mah/lieux-dexposition/cabinet-darts-graphiques, Di.–So. 11–18 Uhr (nur während Ausstellungen geöffnet), Drucke aus fünf Jahrhunderten

7 [K9] **Maison Tavel.** Festungsartiger mittelalterlicher Palast der Genfer Familie Tavel in der Nähe des Rathauses, heute Teil der MAH und Museum zur Stadtgeschichte Genfs, inklusive eines Stadtmodells von 1896 (s. S. 20).

14 [L10] **Musée d'Art et d'Histoire (MAH).** Die riesige Kunstsammlung in einem monumentalen Bau aus dem frühen 20. Jh. gibt einen Querschnitt durch die westliche Kultur von den frühen Anfängen bis heute (Archäologie, Schöne Künste, Kunsthandwerk, s. S. 26).

36 [J9] **Musée Rath,** Teil des **MAH.** 1826 als „Musentempel" eröffnetes Kunstmuseum, in dem v. a. Wechselausstellungen zu internationaler und Schweizer Kunst und Archäologie gezeigt werden (s. S. 40).

Vorseite: Genf, die Stadt der Uhren - hier ein Messinstrument an der Promenade Rive Gauche (s. S. 30)

Uhren der Extraklasse zeigt das Patek Philippe Museum 40

Weitere Museen

20 [H8] **Bibliothèque de Genève/Musée Voltaire,** Rue des Délices 25 (Bus 27), Tel. 022 4189560, http://institutions.ville-geneve.ch/de/bge/die-bibliothek-kennenlernen/standorte/musee-voltaire, Mo.–Fr. 14–17 Uhr, Eintritt frei. Voltaire besaß diesen Palast im Stadtviertel Servette 1755–1765 und nannte ihn „Les Délices". Seit 1954 Dokumentations- und Forschungszentrum mit Bibliothek und Museum (Bücher, Manuskripte und andere Dokumente).

21 [L10] **Collections Baur – Musée des Arts d'Extrême-Orient,** Rue Munier-Romilly 8, www.fondation-baur.ch, Di.–So. 14–18 Uhr, CHF 10 (Sonderausstellung CHF 15). Mehr als 7000 privat gesammelte Kunstobjekte aus China und Japan sind in einer Villa aus dem 19. Jh. ausgestellt. Auch Wechselausstellungen, dann Mi. bis 20 Uhr geöffnet.

22 [K10] **Espace Ami Lullin,** Promenade des Bastions 1, www.ville-geneve.ch/plan-ville/musees/espace-lullin, Mo.–Fr. 12–18, Sa. 9–12 Uhr (im Sommer Mo. geschlossen). Zur Universitätsbibliothek gehörende Ausstellungshalle.

23 [R6] **Fondation Martin Bodmer,** Rue M. Bodmer 19–21, Cologny (Bus A), Tel. 022 7074433, http://fondationbodmer.org, Di.–So. 14–18 Uhr, CHF 15, Kinder/Jugendliche unter 16 Jahren frei. Beeindruckende Privatbibliothek Martin Bodmers mit 160.000 Dokumenten, Originalmanuskripten, Inkunabeln, Papyri in modernem Bau von Mario Botta.

4 [K9] **Maison de Rousseau et de la Littérature.** Geburtshaus Rousseaus, wo man einen umfassenden Überblick über Bedeutung und Verdienste des Philosophen bekommt (s. S. 17). **Bis 2020 wegen Renovierung geschlossen.**

41 [I10] **MEG – Musée d'Ethnographie de Genève.** Im Viertel Plainpalais befindet sich diese Sammlung zu den Kulturen Afrikas, Amerikas, Asiens, Europas und Ozeaniens, die außerden eine anthropologische und ethnomusikalische Abteilung sowie Wechselausstellungen beherbergt (s. S. 44).

43 [I3] **Musée Ariana.** Eine 1884 gegründete Sammlung mit Glas, Keramik und Fayence aus sieben Jahrhunderten in einer prächtigen Villa mit Park im UNO-Viertel (s. S. 47).

8 [K9] **Musée Barbier-Mueller.** Mitten in der Altstadt gelegenes Privatmuseum mit buntem Konglomerat an Ausstellungsstücken zu den verschiedenen Weltkulturen (s. S. 21).

39 [I10] **Musée d'Art Moderne et Contemporain (MAMCO).** Modernste Kunst aller Sparten in ehemaligem Fabrikbau

Hinweise zu Museen

- **Öffnungszeiten und Preise:** Die meisten Genfer Museen sind außer montags täglich zwischen 10 oder 11 Uhr und 17 Uhr geöffnet, mittwochs bei Sonderausstellungen bis 20 Uhr. Städtische Museen wie das Musée d'Art et d'Histoire, d'Ethnographie, Rath, Ariana oder Tavel sind gratis – mit Ausnahme von Sonderausstellungen (meist CHF 5–10 und freier Eintritt am 1. So. im Monat). Jugendliche unter 18 Jahren zahlen ebenfalls in vielen Museen keinen Eintritt, zudem gibt es für Studenten und Senioren Ermäßigungen.
- **Geneva Pass:** Freien Eintritt in die meisten Genfer Museen sowie freie oder rabattierte Touren und andere Aktivitäten gibt es mit dem Geneva Pass für CHF 26/37/45 (1/2/3 Tage Gültigkeit). Infos im Internet unter www.geneve.com/de/sehenswertes/geneva-pass.

018ge Abb.: mb

in Plainpalais, zugleich Sitz des **Centre d'Art Contemporain Genève** mit zeitgenössischen Kunstausstellungen und Multimedia-Events (s. S. 43).

M 24 [L5] **Musée d'Histoire des Sciences,** Rue de Lausanne 128, Mi.–Mo. 10–17 Uhr, www.ville-ge.ch/mhs, Eintritt frei. Einzigartiges Museum zu historischen wissenschaftlichen Instrumenten in der Villa Bartholoni im Parc de la Perle du Lac am rechten Seeufer.

M 25 [M10] **Musée d'Histoire Naturelle,** Route de Malagnou 1, www.ville-ge.ch/mhng, Di.–So. 10–17 Uhr, Eintritt frei, Filmvorführungen Sa./So. 15 Uhr. Größtes naturwissenschaftliches Museum der Schweiz, u. a. mit Dinosaurierrekonstruktion und Dioramen.

M 26 [I13] **Musée de Carouge,** Place de Sardaigne 2, Carouge (Tram 12, 13), Tel. 022 3079380, www.carouge.ch/musee, Di.–So. 14–18 Uhr, Eintritt frei. Interessante Wechselausstellungen mit lokalem Bezug (Keramik, Kunsthandwerk, Fotografien u. a.) im renovierten Wohnhaus eines Uhrenmachers aus dem späten 18. Jh. mit Garten.

M 27 [J2] **Musée des Suisses dans le Monde,** Chemin de l'Impératrice 18 (Bus V, Z), www.penthes.ch, Mi.–Fr. 13.30–20, Sa./So. 13.30–18 Uhr, CHF 10. Im Vorort Pregny (nördlich des UNO-Viertels) im Château de Penthes gelegenes historisches Museum, in dem anhand von Dokumenten, Büchern, Uniformen, Münzen, Kunsthandwerk und Kunst die Rolle der Schweizer in aller Welt vom 15. Jh. bis heute beleuchtet wird.

M 28 [J11] **Musée du Vieux Plainpalais,** Bd du Pont d'Arve 35, www.aiplainpalais.ch, Mi./Do. 14–17 Uhr und auf Anmeldung, Eintritt frei. Im ehemaligen Rathaus von Plainpalais illustrieren Dokumente, Fotos u. a. die Geschichte des Stadtteils.

3 [J9] **Musée Fondation Zoubov.** Drei Altstadthäuser aus der Zeit 1720–1723 nach französischem Vorbild. In edlem Interieur ist die Sammlung der Gräfin Zoubov ausgestellt: Kunsthandwerk, Möbel, Keramik, Porzellan, Teppiche und Gemälde (s. S. 17).

44 [I3] **Musée International de la Croix-Rouge et du Croissant-Rouge.** Multimediales, hochinteressantes Museum zu Ehren des Rot-Kreuz-Gründers Henri Dunant und der Organisation. Mit Cafeteria und Shop. Am ersten Samstag der Monate November–März kann man den Eintrittspreis selbst bestimmen (s. S. 47)!

11 [K9] **Musée International de la Réforme.** Museum zur Reformationsbewegung im 16. Jh. im Allgemeinen und zu Jean Calvin im Besonderen, das sich im Maison Mallet neben der Cathédrale befindet. Modern audiovisuell aufgemacht und höchst interessant, Kombiticket mit Cathédrale Saint-Pierre und Site Archéologique CHF 18, Cafeteria und Shop (s. S. 23).

40 [I10] **Patek Philippe Museum.** Interessantes Museum in edlem Ambiente zur

lokalen Uhrmacher- und Schmuckkunst vom 16.–20. Jh. (s. S. 44).

⑩ [K9] **Site Archéologique de La Cathédrale Saint-Pierre.** Moderne, museal aufbereitete Präsentation der archäologischen Ausgrabungen, die seit 1976 unter der Kathedrale stattfinden und Funde von den frühen Anfängen der Besiedelung und der Kirche bis zur Moderne hervorbrachten (s. S. 23).

Kunstgalerien

Eine Ansammlung ausgefallener Galerien findet sich in der Altstadt, außerdem im Viertel Plainpalais. Im **Quartier des Bains** gibt es nicht nur während der **Nuit des Bains** (www.quartierdesbains.ch/en, Link „Nuits des Bains") zeitgenössische Kunst zu sehen, sondern ganzjährig in den ansässigen Galerien und im MAMCO ㊴:

29 [J8] **Centre d'Art en l'Île,** Halle Nord, Place de l'Île 1, www.act-art.ch, Di.–Fr. 13–19 Uhr, Sa. u. So. 11–17 Uhr, Eintritt frei. In der Galerie und Buchhandlung mit Schwerpunkt Kunst und Architektur in einer früheren Markthalle auf der Rhôneinsel werden Wechselausstellungen v. a. lokaler Künstler gezeigt (auch zum Kauf), dazu diverse Veranstaltungen wie Lesungen.

30 [J9] **Centre de la Photographie Genève,** Rue des Bains 28, www.centrephotogeneve.ch, Di.–So. 11–18 Uhr, CHF 5. Zum Bac (Bâtiment d'art contemporain) gehörig, finden hier Wechselausstellungen zeitgenössischer Fotografie (vor allem dokumentarische Bilder) statt.

31 [K9] **Galerie Grand-Rue,** Grand-Rue 25 (Altstadt), www.avv.ch/galeries/galerie-grand-rue, Mo. 14–18.30, Di.–Fr. 10–12 und 14–18.30, Sa. 10–12 und 14–17 Uhr. Gemälde und Zeichnungen.

› **Little Nemo BD Art Shop & Gallery** (s. S. 78)

Genf für Genießer

Essen und Trinken

Das Genferseegebiet kann man zu Recht als kulinarisches Zentrum der Schweiz bezeichnen. Hier gibt es die meisten international prämierten Restaurants. Das Spektrum reicht von Haute Cuisine über bodenständige Lokale in Wohnvierteln wie Plainpalais bis hin zu Bistros mit klassischer, aber auch innovativer „cuisine du terroir". Im Großraum soll es um die 1800 Lokale geben, darunter fast ein Dutzend Spitzenrestaurants.

Gastronomie

Die meisten Speisekarten sind **französisch inspiriert** und in französischer Sprache, doch es gibt auch die typischen Schweizer Gerichte wie Fondue oder Raclette. Lokale mit ausländischer Küche sind eher selten. Neben italienischen Restaurants findet man Inder und Asiaten.

Falafel, Kebab und andere **Imbisse** gibt es preiswert und gut besonders an Ständen und in Läden um den Bahnhof und in Pâquis. Auch die überregionalen Fast-Food- und Caféketten breiten sich mittlerweile verstärkt aus, doch eigentlich sind sie in einer Stadt wie Genf nicht notwendig. Die Bäckereikette Pain Paillasse, auf deren Filialen man überall in der Stadt stößt, ist eine gute Alternative. **Kleidungsregeln** werden in einer international-kosmopolitischen Stadt wie Genf ernst genommen, v. a. in gehobenen Restaurants!

◁ *Galerien findet man vor allem in Genfs Altstadt und vermehrt auch im Quartier des Bains*

093ge Abb.: mb

Auf dem historischen Raddampfer Savoie (s. S. 113)...

094ge Abb.: mb

... gibt es ein Dreigangmenü mit malerischer Aussicht und sanftem Wellengang

Genfer Spezialitäten

Zu den **traditionellen Genfer Gerichten** zählen *Filets de perche* (Eglifilet), *Longeole* (grobe Schweinerohwurst mit Fenchelsamen), *Cardons au gratin* (Artischockengemüse – ein typisches Weihnachtsgericht), *Fricassée de porc* (Schweineragout), außerdem diverse Fischgerichte wie *Omble-chevalier* (Saibling) oder *Gratin aux écrevisses* (Süsswasserkrebse).

Spezialitäten außer den Würsten – *Longeole* und *Andouille (mit Innereien gefüllt)* als bekannteste – sind das dem Bündnerfleisch ähnliche *Viande séchée* und die große Käseauswahl. Gerade die *Gruyères* aus dem nahen Umland gibt es in den unterschiedlichsten Reifestufen, von mild bis vollreif, daneben sind Vacherin und Tomme hervorzuheben (s. S. 76).

Dazu gibt es in Genf **hervorragende Weine** (v. a. Chasselas oder Gamay) aus der Genferseeregion (s. S. 54). Aber auch Biertrinker können sich auf eine Spezialität freuen. Die Brüder Papinot stellen das **Bière Calvinus** in verschiedenen Varianten her, u. a. als *blanche* (eine Art Weizen), *blonde bio* (unfiltriertes Helles) und *noir* (Dunkles). Es wird in etlichen Lokalen ausgeschenkt und in Läden verkauft, z. B. im La Barje (s. S. 68).

Schweizer Spezialitäten

Käsefondue (Fondue au fromage) steht meist in mehreren Variationen auf den Speisekarten, klassisch für Genf ist das moitié-moitié aus je zur Hälfte Gruyère und Vacherin. Stilecht werden die Brotwürfel übrigens erst in Kirschwasser und dann in Käse getaucht. Man trinkt dazu keinen Wein, sondern Tee (oder Wasser) und isst *viande sechée*, Rinderschinken.

Raclette wird original nicht in Pfännchen serviert, sondern es werden von einem erhitzten, halben großen Käselaib Portionen mit dem Messer abgeschabt und mit Silberzwiebeln, Cornichons und Kartoffeln gegessen (racler = schaben).

Restaurantkategorien

€	unter CHF 25
€€	CHF 25–40
€€€	über CHF 40

113ge Abb.: mb

Empfehlenswerte Lokale

Viele Lokale sind **sonntags geschlossen** und Essen wird häufig nur **mittags** von etwa 12–14 Uhr und **abends** von 19–22 Uhr serviert.

Eine *plat du jour,* ein sog. **Tagesteller**, ist selbst im als teuer verschrieenen Genf zur Mittagszeit schon um die CHF 25 (21 €) zu haben, für ein Menü (drei Gänge) sind mind. CHF 40–50 (34–43 €) einzurechnen. Ein Bier kostet ab etwa CHF 5 (ca. 4,30 €), ein Glas Wein ist nicht wesentlich teurer. Preiswert und ordentlich isst man z. B. in den Selfservicerestaurants von Manor (s. S. 72) – auch So. geöffnet) oder Globus (s. S. 72).

Restaurants

› **L'Auberge d'Hermance** €€€ (s. S. 56), kostspieliger Gourmettempel in traumhafter Lage am See mit Wintergarten und Terrasse.

32 [K9] **Brasserie Lipp** €€, Rue de la Confédération 8, Tel. 022 3188030, tgl. 7–2, So. 9–2 Uhr. Internationale Küche mit französischem Touch in luftiger, moderner Atmosphäre. Beliebt sind Eintöpfe und Sauerkrautgerichte, es gibt aber auch Vegetarisches, Fisch und Meeresfrüchte.

33 [K9] **Brasserie-Restaurant de l'Hôtel-de-Ville** €€, Grand-Rue 39, Tel. 022 3117030. Gegenüber dem alten Rathaus und neben dem Maison Favel gelegener historischer Klassiker unter den Genfer Restaurants, die Wurzeln reichen in die 1760er-Jahre zurück. Bekannt fürs Fondue!

34 [L7] **Buvette des Bains des Pâquis** €, Quai du Mont-Blanc 30, Tel. 022 7381616, www.buvettedesbains.ch, zum gleichnamigen Freibad gehörig, mit Terrasse. Die *plat du jour* kostet nur CHF 14 und das leckere Fondue (Sept.–April) CHF 23. Von 8–11.30 Uhr Frühstück mit Birchermüesli und Säften zu CHF 10.

Preiswert und gut isst man in der Buvette des Bains des Pâquis

35 [K9] **Café Papon** €€, Rue Henry-Fazy 1, Tel. 022 3115428. Restaurant an der Promenade de la Treille mit Terrasse. Große Vorspeisenauswahl und günstige französische Gerichte wie gebratenes *Magret de canard* (Entenbrust mit grünem Pfeffer) oder *Tarte Tatin.*

36 [K10] **Chez ma Cousine** €-€€, Place du Bourg-de-Four 6, tgl. 11–24, So. bis 23 Uhr. Auf dem malerischen Hauptplatz mitten in der Altstadt gelegenes Imbisslokal mit kleiner Terrasse. Spezialität sind die Hühnergerichte, z. B. 1/2 Huhn mit Beilagen um CHF 16, außerdem leckere Salate.

37 [L7] **Edelweiss** €€, Place de la Navigation 2, Tel. 022 5445151. Jeden Abend günstige und gute Schweizer Spezialitäten (leckeres Fondue in verschiedenen Versionen sowie Raclette) und täglich Unterhaltungsprogramm und Folkloremusik.

EXTRATIPPS

Lokale mit guter Aussicht

38 [J8] **Brasserie des Halles de l'Île** €-€€, Place de l'Île 1, Tel. 022 3110888 , www.brasseriedeshallesdelile.ch, tgl. Lunch bzw. Sa./So. Brunch und Dinner. Das Restaurant in den ehemaligen Markthallen auf der Île ist ist in erster Linie für den wunderbaren Ausblick auf die Stadt vom Wasser aus und für Musikveranstaltungen bekannt.

39 [L5] **La Perle du Lac** €€€, Rue de Lausanne 126, Tel. 022 9091020, www.laperledulac.ch, Okt.–April Mo. geschlossen. Das alteingesessene Lokal mit Gartenterrasse liegt traumhaft am rechten Seeufer im Parc Mon Repos am Stopp der Wassertaxis. Es gibt eine *plat du jour* für CHF 23, empfehlenswert sind auch die Fischgerichte.

40 [K8] **Pavillon de l'île Rousseau** €, Île Jean-Jacques Rousseau. April–Okt. tgl. 11–22 Uhr geöffnetes Freiluftimbisslokal auf einer kleinen Insel am Ausfluss der Rhône aus dem Genfer See. Kaffee und Eis sowie gute Sandwiches, Panini und Salate, Wein und Säfte.

41 [O8] **Restaurant Hotel du Parc des Eaux-Vives – La Brasserie** €€€, Quai Gustave-Sador 82, Tel. 002 8497575. Ausgezeichnetes Restaurant, das zu einem kleinen Tophotel im gleichnamigen Park gehört. Mit Blick auf den See. Tagesteller zu CHF 25.

008ge Abb.:

42 [J10] **Holy Cow Gourmet Burger Co. (1)** €, Rue de Carouge 14. Restaurant der Schweizer Burgerkette, die Wert auf erstklassige Produkte legt und Gourmet-Burger anbietet. Filiale:

43 [J7] **Holy Cow Gourmet Burger Co. (2)** €, Place Cornavin 22

44 [K7] **L'Entrecôte Couronnée** €€€, Rue des Pâquis 5, Tel. 022 7328445, tgl. außer Sa. mittag und So. Eher gehobene, regionale Küche mit frischen Produkten und großer Auswahl an Genfer Weinen. Fleisch (Entrecôte) steht im Vordergrund.

45 [L9] **La Brasserie Genevoise** €€, Bd Helvétique 27, Tel. 022 7351615. Große Auswahl an Genfer Spezialitäten, u. a. *Longeole* oder *Fricassée*. Tagesteller CHF 20!

46 [I11] **Le Calamar** €-€€, Bd. Carl-Vogt 91. In Plainpalais gelegenes Lokal, das für seine Burger bekannt ist.

47 [K9] **Le Perron** €€-€€€, Rue du Perron 5, Tel. 022 3113108. Kleine, erlesene französische Speisekarte, empfehlenswert und relativ preiswert ist das Business Menu. Schwerpunkt sind Fisch, Fleisch und tolle Desserts. Man kann bei gutem Wetter auch schön auf der Terrasse sitzen.

48 [K9] **Taverne de la Madeleine** €€, Rue de Toutes-Âmes 20, Tel. 022 3106070, Mo.–Fr. 8.30–16.30, Sa. 10–16 Uhr. Kein Alkoholausschank, dafür aber preiswerte *plat du jour* ab CHF 18.

EXTRATIPP

Glace

Die Genfer lieben Eis *(glace)* und daher gibt es überall Eisstände. Das beste Eis gibt es nach Meinung Vieler in den Filialen von **Gelato Mania**. Besonders empfehlenswert sind saisonale Spezialitäten wie „Ananas-Basilikum".

49 [I10] **Gelato Mania (1),** Rue de L'Ecole de Médicine 6

50 [N8] **Gelato Mania (2),** Rue de Rue Eaux-Vives 61

51 [K7] **Gelato Mania (3),** Rue Pâquis 25

52 [J13] **Gelato Mania (4),** Rue St. Joseph 43 (Carouge)

EXTRATIPPS

Zum Frühstücken

53 [K7] **Café Art's,** Rue des Pâquis 17, nahe Rue de Monthoux. Gemütlich, unkompliziert und schön zum Ausruhen, ideal für ein Frühstück am Wochenende oder einen Drink am Abend (Mo.–Fr. 11–2, Sa./So. 8–2 Uhr).

54 [I9] **Café de la Presse,** Bd de Saint-Georges 62, tgl. mind. 7–2 Uhr. Ideal für ein geruhsames Frühstück oder auch für einen späten Snack.

55 [J11] **Les Recyclables,** Rue de Carouge 53, täglich außer So. geöffnet. Café und Buchladen in einem. Es gibt leckeren hausgemachten Kuchen, aber auch Bier oder Wein. Beim Genießen kann man sich in die örtliche Lektüre vertiefen.

Lecker vegetarisch

56 [H7] **Aux Deux Portes,** Rue Schaub 11, Di.–Fr. 9.30–19 Uhr. Bioladen und veganes Restaurant-Café mit Kunstausstellung, außerdem gibt es Zeitungen und Magazine zum Schmökern. Suppen, Salate, Quiches, Muffins und viele feine Desserts. Tagesteller CHF 24.

57 [M9] **Mango Deck,** Cours de Rive 20, Mo.–Sa. 7–17 Uhr. „Gesundes Fastfood", auch viel Vegetarisches, Salate, Nudelgerichte, gute Desserts.

Bistros und Cafés

58 [I10] **Brasserie de la Radio**, Bd. Carl-Vogt 73. Kleines Nachbarschaftlokal in Plainpalais mit schmackhaften und preiswerten Gerichten.

59 [I10] **Café des Bains,** Rue des Bains 26. Gegenüber MAMCO gelegen und daher Treffpunkt vieler Künstler und Galeristen, erschwingliche mediterran-französische Küche.

60 [I10] **Café du Lys,** Rue de l'École de Médecine 7. Französisches Bistro mit buntem Studentenpublikum in Plainpalais, vielerlei Teesorten und gute Kaffee-, Bier- und Cocktailauswahl. Dazu werden Tapas oder vollständige Gerichte (viel Vegetarisches) serviert. Unregelmäßig finden auch Veranstaltungen statt.

61 [J10] **Cafe-Librairie Livresse,** Rue Vignier 5, www.livresse.ch. Gemütliches Lokal zum Kaffeetrinken und Lesen, auf ein Bier oder ein Sandwich.

62 [J9] **Café Lyrique,** Bd. du Théâtre 12, www.cafe-lyrique.ch, Mo.–Fr. 7–24 Uhr. Neben Konservatorium und Oper gelegenes, in der Szene beliebtes Lokal mit französischen Gerichten.

63 [J9] **Café Restaurant du Parc des Bastions,** Promenade des Bastions 1, www.bastions.ch, Tel. 022 3108666. Ehemals romantischer Musikpavillon, heute Café-Restaurant inmitten eines Parks, ideal für die kleine Kaffeepause zwischendurch oder zum Sonntagsbrunch!

64 [J11] **Coq en Pâte,** Passage St. François 4, Tel. 022 3280900, So. geschlossen, Sa. nur abends geöffnet (Reservierung nötig). Nettes Bistro in Plainpalais mit Freiplätzen und vielen frisch zubereiteten Hühnchengerichte.

65 [K10] **La Clémence,** Place du Bourg-de-Four 20. In der Altstadt gelegenes Café mit schöner Terrasse sowie buntem Publikum, tgl. 7/8 bis mind. 1 Uhr nachts. Ideal für einen Kaffee oder ein Bier.

66 [K9] **Martel,** Rue de la Croix d'Or 4. Netter Teesalon und Chocolaterie/Konditorei. Mehrere Filialen.

67 [L9] **Potinière,** Promenade du Lac 2. Malerisch im Jardin anglais gelegen, tgl. 12–24 Uhr. Neben warmen Gerichten ist das seit 1950 bestehende Lokal für sein Eis bekannt.

68 [I9] **Remor,** Place du Cirque 3, Mo.–Sa. 12 Uhr bis Mitternacht. Eissalon mit Terrasse nahe Victoria Hall, besonders die Sorbets sind empfehlenswert!

69 [N8] **Tout Simplement,** Rue de Soleure 2. Täglich preiswertes Frühstück in entspannter Atmosphäre.

› **Wolfisberg** (s. S. 78). Ausgezeichnete Bäckerei mit Teesalon.

Gastronomie in Carouge

70 [I14] **La Table** €€-€€€, Rue Jacques Dalphin 31 (Carouge), Tel. 022 3011322, tgl. außer So. Mittag- u. Abendessen. Kleines, aber feines Lokal mit französisch angehauchter, kreativer Küche unter Verwendung lokaler Zutaten. Erschwingliche *plat du jour,* günstige offene Weine. Der gleiche Besitzer betreibt auch Le Perron in Genf (s. S. 65).

71 [I13] **Le Café des Négociants,** Rue de la Filature 29 (Carouge), Tel. 022 3003130, Mo.–Sa. 12–14.30 u. 19–23 Uhr. Hier findet man ein typisch französisches Bistro mit günstigen Preisen (*plat du jour* CHF 21).

72 [J14] **Le Flacon** €€€, Rue Vautier 45 (Carouge), Sa. nur abends, So./Mo. geschlossen. Gemütliches Lokal in der Altstadt von Carouge mit wenigen, dafür kreativen lokalen Gerichten.

› Nächtliches Lichterspiel auf dem stillen Genfer See

Genf am Abend

Nachtleben

Wegen des milden Klimas und der Seelage spielt sich das Nachtleben in Genf bevorzugt im Freien, an den Seepromenaden oder auf den Terrassen der Cafés-Bars ab. Beliebter Treffpunkt ist die Place du Molard.

Hier liegt auch die beliebte Brasserie du Molard (Lord Nelson Pub), in der gutes hausgebrautes Bier ausgeschenkt wird. In der Altstadt schlägt das Herz um die **Place du Bourg-de-Four** 13, z. B. in Cafés wie dem Clémence (s. S. 66), wo Sehen und Gesehenwerden angesagt ist.

Eher elegante Klubs und Lounges, Cafés und Bars finden sich in den **Rues Basses** (v. a. Rond-point de Rive, Rue du Rhône). Zwischen Rhône und Hauptbahnhof, in **Pâquis,** pulsiert abends und nachts das Leben. Hier locken viele Bars, Lokale und Brasserien, z. B. die berühmte Jazzkneipe Sud des Alpes, Nachtschwärmer an. Eine Spezialität in Pâquis sind die Cabarets, z. B. Crazy Paradise (Rue de la Rôtisserie 2) oder das Moulin Rouge (Av. du Mail 1). Das Viertel Les Pâquis gilt als Genfs „Haight-Ashbury", als Homosexuellenviertel und als Rotlichtviertel mit Bars, Kneipen sowie preiswerten Lokalen und Imbissbuden. Ebenfalls lebhaft und auch kulinarisch interessant ist Carouge 46, speziell um die Rues Ancienne oder Vautier. Bevorzugt von Studenten frequentiert werden hingegen die Kneipen im Viertel **Plainpalais** im Südwesten der Altstadt.

Bars

Öffnungszeiten: Sofern nicht anders angegeben, sind die unten genannten Bars Mo.–Sa. geöffnet. **Weinbars** sind eine Spezialität Genfs, sie sind allerdings meist nur bis 19 Uhr offen.

73 [K9] **Brasserie du Molard/Lord Nelson Pub,** Place du Molard 9. Hier wird hausgebrautes Bier ausgeschenkt. Es gibt Flammkuchen und Plätze im Freien.

› **Brasserie Lipp** (s. S. 63), Rue de la Confédération 8, tgl. 7–2, So. ab 9 Uhr. Hierher kommt man, um zu sehen und gesehen zu werden.

74 [M8] **Buvette du Bateau,** Promenade du Lac (Quai Gustave Ador), www.bateaugeneve.ch. Bar auf dem histori-

Smoker's Guide

In Genf wird noch viel geraucht, obwohl in der Schweiz seit 2010 das Bundesgesetz zum Schutz vor Passivrauchen gilt. Alle öffentlich zugänglichen, geschlossenen Räume müssen rauchfrei sein. Öffentliche Verkehrsmittel sind ebenso rauchfrei wie Hotels. Manchmal gibt es dort auf Nachfrage noch Raucherzimmer. Ein guter Treff für Raucher ist:

84 [K9] **Spring Cigars,** Rue du Rhône 82, The Passage, www.geneva-cigars.com. Tabakladen mit Cigar Bar (auch Drinks).

schen Schiff „Genève“ mit Blick auf Jet d'eau.

75 [K10] **Demi Lune Café,** Rue Etienne Dumont 3, tgl. bis mind. 24 Uhr. Schön zum Cocktail oder Glas Wein am Abend, auch Tapas und andere Gerichte.

76 [I10] **L'Eléphant dans la Canette,** Av. du Mail 18, Tel. 022 3217070. Beliebte Bar mit Veranstaltungsprogramm (https://elephantdanslacanette.com) und Restaurant im angesagten Viertel Plainpalais.

77 [I8] **La Barje,** Terrasse des Lavandières, www.labarje.ch, Apr.–Sept. Mo–Fr. 11–24 Uhr, Sa/So. 12–24 Uhr.

123ge Abb.: mb

Rustikale Bar in einer Art Bauwagen zu Füßen des BFM (s. S. 70) direkt an der Rhône. Gelegentlich Livemusik und Kulturprojekte.

78 [J8] **Le Bateau-Lavoir,** Promenade des Lavandières. Bar und Restaurant, auch Konzerte auf einem kleinen Boot auf der Rhône.

79 [M9] **Soleil Rouge,** Bd Helvétique 32, tgl. außer So. bis 23 oder 24 Uhr. Empfehlenswerte Weinbar, deren Schwerpunkt auf spanischen Weinen liegt. Ungezwungene, heitere Atmosphäre.

Discos, Musikbars und -kneipen

80 [K7] **AMR/Sud des Alpes,** Rue des Alpes 10, www.amr-geneve.ch, Tel. 022 7165630, Mo.–Fr. 9–20, Mi bis 19 Uhr, Sa. 12–18 Uhr, im Sommer Mo.–Fr. 14–18 Uhr. Konzerte meist dienstag-/freitagabends. Nahe dem Bahnhof gelegene, berühmteste Jazzkneipe der Stadt, in der auch große Stars auftreten. Organisator eines Jazzfestivals, außerdem Musikschule mit Übungsräumen und Workshops.

81 [J8] **Arthur's rivegauche,** Rue du Rhône 7–9, Tel. 022 8103260, www.arthurs.ch, Mo.–Fr. 9–2, Sa. 12–2 Uhr, freier Eintritt. Gemütliches Ambiente, verschiedene Musikstile (DJ), dazu eine Bar und Freiplätze.

82 [I9] **Café Cuba,** Place du Cirque 1, Tel. 022 3284260, www.cafecuba.ch. Di.–Sa. ab 11 Uhr, DJs am Wochenende, Eintritt frei. Bar, Café und Pub mit gut sortierter Bar und Late-Night-Food (Fladenbrote und Salate).

83 [I9] **L'Usine,** Place des Volontaires 4, www.usine.ch. Ein alternativer Kulturkomplex mit verschiedenen Musikkneipen, Bars, Bühnen, Kinos und weiteren Kulturinstitutionen.

Legendäre Bühne mit vielseitigem Programm: das Alhambra (s. rechts)

Veranstaltungskalender

- **Veranstaltungskalender** findet man in der Tageszeitung Tribune de Genève (www.tdg.ch), außerdem gibt es die Donnerstagsbeilage von Le Temps (www.letemps.ch) mit ausführlichem Theater-, Kino- und Konzertprogramm.
- **„Genève Guide – Official City Guide“** ist eine von Genève Tourisme (s. S. 106) saisonal herausgegebene Gratisbroschüre.

Tickets

- **FNAC** (s. S. 78), Rue de Rive 16/18, Tel. 022 8161256, www.ch.fnacspectacles.com, Mo.–Mi. 9–19, Do. bis 21 Uhr, Fr. 9–19.30, Sa. 9–18 Uhr. Multimedia-Store mit Vorverkaufsstelle für Tickets.
- **Genève Tourisme** (s. S. 106), www.geneve.com, Mo.–Mi., Fr./Sa. 9–18, Do. 10–18, So 10–16 Uhr
- **Ticket Corner** (im Kaufhaus Globus, s. S. 72), www.ticketcorner.ch

85 [I9] **Santa Cruz,** Rue du Stand 40, Tel. 79 5790896, www.santacruz.ch, Do.–Sa. 20–2 Uhr. Schwerpunkt Latino, tropisch-exotische Atmosphäre, eher elegant. Spezielle Karaoke- und *Noches Cubanas*-Angebote.

86 [J11] **Taverne de la République,** Rue de Carouge 44. Beliebter Treff in Plainpalais, an selber Stelle existiert schon seit 1780 eine Kneipe.

Nightclubs und Lounges

87 [K9] **Alhambra,** Rue de la Rôtisserie 10, www.alhambra-geneve.ch. Legendäre Kultureinrichtung (Livemusik, Kino, Theater u. a.).

88 [L9 **La Coupole,** Rue du Rhône 116, Tel. 022 7374040, Mo.–Sa. 22–5 Uhr, http://coupoleavenue.ch. Glamouröser Nightclub mit Cabaret und Pianobar.

Für den späten Hunger

Auch **nach 22 Uhr** bekommt man in vielen der genannten Lokale in Genf noch warmes Essen, z. B. bei **La Clémence** (s. S. 66), mit schöner Terrasse und gemischtem Publikum), im **Potinière** oder im **Café de la Presse** (bis 2 Uhr morgens, s. S. 65). Im Bahnhof (Gare de Cornavin [J7]) ist rund um die Uhr der „aperto 24“-Laden geöffnet.

89 [K9] **Le Baroque,** Place de la Fusterie 12, www.lebaroque.com, Do.24–4 Uhr, Fr./Sa. 24–5 Uhr. Schicker, glamouröser Klub mit Bar und Restaurant.

90 [K7] **Fenomeno,** Rue des Paquis 28, www.fenomenobar.ch, Di.–Fr. 11.30–14 Uhr u. 17–2 Uhr, Sa. 18–2. Beliebte Lounge mit eigener Tanzfläche.

Nachtleben in Carouge

91 [J13] **Au Chat Noir,** Rue Vautier 13 (Carouge), www.chatnoir.ch, Tel. 022 3434998, So.–Di. bis 2, sonst bis 4 bzw. 5 Uhr, Eintritt teils frei, teils moderat. Gilt wie das Sud des Alpes als Top-Jazzadresse in Genf: Es gibt Modern, Latin, Jungle sowie zeitgenössischen Jazz – auch von lokalen Bands.

92 [G13] **Bypass,** Carrefour de l'Étoile 1, (Carouge), Tel. 022 3006565, https://bypassclub.ch, Fr./Sa. 23–5 Uhr. Angesagter Dancefloor im Quartier de la Praille, schickes Dekor und räumlich dreigeteilt, ideal zum Chill-out.

93 [G10] **La Graviere,** Chemin de la Gravière 9 (Carouge), www.lagraviere.net. Einer der Top-Klubs der Stadt mit Konzerten jeder Art (Fr./Sa.).

94 [I13] **Le Cheval Blanc – Le Box,** Place de l'Octroi 15 (Carouge), Tel. 022 3436161, Di.–Fr. ab 17, Sa. ab 11, So. ab 10.30 Uhr. Café und Restaurant, mit-

Gastro- und Nightlife-Areale
Bläulich hervorgehobene Bereiche in den Karten kennzeichnen Gebiete mit einem dichten Angebot an Restaurants, Bars, Klubs, Discos etc.

tags Tagesteller und abends u. a. Tapas, Sa./So. auch Brunch. Im UG befindet sich **Le Box** mit Livekonzerten, Kabarett, Theater usw. (www.lebox.ch).

95 [G13] **Motel Campo,** Route des Jeunes 13 (Carouge), www.motelcampo.ch. Der Name täuscht: kein Motel, sondern einer der angesagten Clubs der Stadt mit DJs und Konzerten verschiedener Musikrichtungen. Sa. ab 20 Uhr (ab 23 Uhr Eintritt).

Theater, Kino und Konzerte

In Genf gibt es rund 40 Theaterbühnen, dazu etliche Freilichtbühnen.

Wichtige Bühnen

96 [I8] **Bâtiment des Forces-Motrices (BFM),** Place des Volontaires 2, Tel. 022 3221220, www.bfm.ch. Kulturzentrum im ehemaligen Wasserkraft- und E-Werk, vor allem Klassik und Ballett.

97 [J10] **Comédie de Genève,** Bd des Philosophes 6, Tel. 022 3205001, www.comedie.ch. In dem Bau von 1913 werden sozialkritische Stücke aufgeführt und zeitgenössische Autoren wie Dunant gespielt. Es finden auch Lesungen, Podiumsdiskussionen, Ausstellungen und Brunches statt, außerdem gibt es ein Café.

98 [J9] **Conservatoire de Musique,** Place Neuve, Tel. 022 3196061, www.cmg.ch. 1856–1858 im gräzisierenden Stil mit Musen und antiken Gottheiten erbaut, ist das Konservatorium Heimat des Orchestre Ansermet. Vorwiegend modernes Programm und Klassik in großer Konzerthalle, Auditorium oder Chorsaal. Hier traten schon Ernst Bloch, de Senger und andere Größen auf.

35 [J9] **Grand Théâtre de Genève,** Place de Neuve 5, www.geneveopera.ch, Tel. 022 3225050. Bau nach dem Vorbild der Pariser Oper, bekannt für Opernaufführungen und Ballett.

99 [G10] **Le Théâtre du Loup,** Chemin de la Gravière 10, Tel. 022 3013100, www.theatreduloup.ch. Im Stadtteil Acacias gelegenes kleines Theater mit breit gefächertem Programm, auch Festivals, Themenabende, Schauspiel, komische Opern, Musikveranstaltungen usw.

100 [K9] **POCHE/GVE,** Rue du Cheval-Blanc 7, Tel. 022 3103759, https://poche---gve.ch. Innovatives Sprechtheater.

101 [J9] **Théâtre du Grütli,** Rue du Général-Dufour 16, Tel. 022 8884484, www.grutli.ch, Di.–So., Einheitspreis CHF 30. Vielseitig und mutig. Im Kellertheater (mit Café-Restaurant) und auf der kleineren Bühne im OG wird auch Experimentelles und Regionales gezeigt.

34 [J9] **Victoria Hall,** Rue Général-Dufour 14, Tel. 022 4183500, www.ville-ge.ch/culture/victoria_hall. Berühmt wegen ihrer außergewöhnlich guten Akustik, von Sir Barton und Queen Victoria als Konzerthalle ins Leben gerufen. Seit der Eröffnung sind gut 2000 Künstler, Orchester und Chöre aufgetreten. Einmal monatlich beliebte Sonntagskonzerte um 17 Uhr (Tickets: http://billetterie-culture.ville-ge.ch).

Kino

Das **aktuelle Kinoprogramm** gibt es in den Tageszeitungen und unter www.cineman.ch. Gleich zwei **Filmfestivals** sind in Genf zu Hause: Ende Januar findet das Black Movie Festival (s. S. 86) statt und im November das Geneva International Film Festival GIFF (s. S. 83).

Auf Genfs Wochenmärkten hat man „die Qual der Wahl"

Genf für Shoppingfans

Genf gilt mit seinen über 3600 Läden als Einkaufsparadies, noch dazu als sehr elegantes, schließlich setzen hier Diplomaten, Ölscheichs und reiche Geschäftsleute viel Geld um. Designerboutiquen und edle Läden tragen diesem Klientel Rechung. Dazu kommt, dass Genf ein Zentrum der Uhren- und Schmuckindustrie ist.

Genf ist auch ein **kulinarisches Mekka:** Kleine Läden, z. B. hervorragend sortierte Käsegeschäfte, Metzgereien oder Confiserien, sind wie überall in Frankreich zahlreicher als in anderen Schweizer Städten zu finden. Hinzu kommt, dass **Familienbetriebe** (vor allem in Wohnvierteln) zahlenmäßig immer noch die Filialen der großen Ladenketten übersteigen. Aber selbst große Kaufhäuser wie MIGROS, COOP oder Manor verfügen über exquisite Delikatessabteilungen. **Wochenmärkte und Bioprodukte** sind weit verbreitet und es wird – ebenfalls landestypisch – auf Speisekarten die genaue Herkunft der Produkte genannt.

Wo gibt's was?

Haupteinkaufsstraßen sind im Stadtzentrum, zwischen Bankenviertel und Eaux-Vives, die **Rues Basses**, vor allem deren Hauptachse, die **Rue du Rhône** [K/L9] – die feinste Straße Genfs mit Schmuck- und Uhrenläden und dem „gewöhnlicheren" Kaufhaus Globus. Parallel dazu verläuft die Rue Marché, die im Osten in die Rue du Rive übergeht, und die Rues de la Croix d'Or oder de la Confédération, allesamt bekannt für noble Boutiquen, Schmuckläden, Confiserien u. a.

Am anderen Ufer, an der **Rive Droite**, gelten die zum Bahnhof führende Straßen Rue du Mont-Blanc, der Quai du Mont-Blanc und der Quai des Bergues als Haupteinkaufsstraßen.

EXTRATIPP

Schnäppchen
Schnäppchenkäufe sind in Genf während der *Soldes du blanc* (im Januar) oder der *Soldes d'été* (Ende Juli) möglich! Auch fahren viele Genfer in die preiswerteren Einkaufszentren jenseits der französischen Grenze.

Für Ausgefallenes aller Art und Secondhandkleidung ist man in **Plainpalais und Pâquis** (Rue des Pâquis) richtig. Plainpalais ist nicht nur bekannt für seinen Flohmarkt, sondern auch interessant für Antiquitätensammler. Das Gleiche gilt für die Altstadt (v. a. Grand-Rue) und das Quartier des Bains.

Einkaufstipps

Shoppingcenter, Supermärkte und Kaufhäuser

102 [K9] **Bongénie,** Rue du Marché 34, www.bongenie-grieder.ch. Schicke Designerbekleidung, Schuhe, Kosmetik, aber auch Wohnaccessoires und Möbel.

103 [K9] **Confédération Centre,** Rue de la Confédération 8, www.confederation-centre.ch. Zentral gelegen, derzeit Modernisierung geplant bzw. im Gang und daher einige Leerstände.

104 [K9] **COOP City,** Rue du Commerce 5. Kaufhaus mit empfehlenswerter Feinkostabteilung und guter Weinauswahl, dazu Kleidung, Haushaltswaren, Restaurant usw. Weitere Filialen sind über die Stadt verteilt.

105 [L7] **COOP Pâquis,** Rue des Pâquis 35

106 [K9] **Globus Genève,** Rue du Rhône 48. Edles Kaufhaus mit empfehlenswerter Mode- und Delikatessenabteilung.

107 [J8] **Manor,** Rue Cornavin 6 (nahe Bahnhof). Lebensmittel, aber auch Kleidung, Schuhe, Parfümerie und Bücher. Restaurant mit Panoramaausblick und Terrasse sowie „Food Market".

108 [J7] **Metro Shopping Cornavin,** Rue du Mont-Blanc 30, Eingang an der Place de Cornavin, www.metroshopping.ch. Gut sortiertes Einkaufszentrum unterhalb des Bahnhofsvorplatzes CFF Cornavin.

109 [F7] **Planète Charmilles,** Promenade de l'Europe 11 (Bus 6 und 9 bis „Guye"), www.planete-charmilles.ch. Einkaufszentrum mit rund 50 Läden und Imbisslokalen im Viertel Charmilles westlich des Bahnhofs.

Boutiquen und Accessoires

Der beste Anlaufpunkt ist die **Rue du Rhône** [K/L9] mit ihrer Fülle an Designerboutiquen, beispielsweise Escada (Nr. 112), Gucci (Nr. 92), Christian Dior (Nr. 60), Celine (Nr. 47) oder Louis Vuitton (Nr. 33). Hier ein paar weitere Tipps:

110 [J9] **Coup de Chapeau,** Rue de la Cité 6. Kleines Hutgeschäft mit großer Auswahl am Aufgang zur Altstadt.

Uhren und Schmuck

Eine Konzentration an Schmuck- und Uhrenläden findet sich in der **Rue du Rhône** [K/L9], darunter jene von Chopard (Nr. 27), Bulgari (Nr. 30), Cartier (Nr. 35), Les Ambassadeurs (Nr. 62) oder Piaget (Nr. 40).

111 [L10] **Bijoux Madison,** Rue des Chaudronniers 14. Ausgefallener Schmuck von verschiedenen Designern.

112 [L9] **Bucherer,** Rue du Rhône 45. Der Uhrenladen der Stadt, der aber auch Victorinox-Taschenmesser, Mont-Blanc-Schreibwaren, Swarovski-Schmuck und weitere Souvenirs führt.

113 [J8] **Cadhor,** Rue du Mont-Blanc 11. Uhren, Taschenmesser und andere Schweizer Souvenirs.

114 [J8] **Franck Muller (1),** Rue de la Tour-de-l'Île 1, Luxusuhren der Spitzenklasse! Filiale:

115 [L7] **Franck Muller (2),** Quai du Mont-Blanc 19

116 [K9] **Gübelin,** Place du Molard 1. Hochwertige Uhren, außerdem eigenes Schmuckatelier.

117 [L9] **Rolex Chrono-Time,** Rue de la Fontaine 3. Laden der weltberühmten Luxusmarke, die in Genf ihre internationale Zentrale hat.

118 [K9] **Swatch,** Rue du Marché 40 (und im Einkaufszentrum unter Gare de Cornavin). Der Schweizer Uhrenhersteller wurde für witzige, erschwingliche Uhren, „Prolex" genannt, bekannt.

Souvenirs

119 [K10] **Caran d'Ache,** Place de Bourg-de-Four 8, https://store.carandache.com/de. Das *Maison des Couleurs Fines* ist ein toller kleiner Laden mit einer Riesenauswahl an Stiften und Kulis „Swiss Made" sowie Künstlerzubehör.

120 [K9] **Couteaux Fontaine,** Rue de la Servette 48, www.fontaine.ch. Seit 1832 Silber- und Messerschmiede mit kleiner Ausstellung, in der es vom ersten Schweizer Taschenmesser von 1891 bis zu den neuesten Modellen viel zu sehen und zu kaufen gibt. Vorführungen Mo.–Mi.

121 [L9] **Davidoff,** Rue de Rive 2. Der berühmte Zigarrenfabrikant residiert schon seit 1911 in Genf, als Zino Davidoffs jüdische Familie hier vor religiöser Verfolgung Zuflucht fand.

122 [K9] **Molard Souvenirs,** Rue de la Croix d'Or 1. (Spiel-)Uhren, Schweizer Messer, Souvenirs.

123 [K8] **Swiss Corner,** Rue des Alpes 7. Souvenirs, Schokolade, Taschenmesser und T-Shirts.

Genfs Chocolaterien sind vorzüglich und bieten eine große Auswahl

Confiserien und Chocolatiers

Die meisten der genannten Schokoladenläden bieten auch Räumlichkeiten zum Verzehr (kleine Gerichte) und verfügen oft über mehrere Filialen.

124 [L9] **Auer Chocolatier,** Rue de Rive 4, www.chocolat-auer.ch. Berühmtester Chocolatier der Stadt. Hier werden seit

Praktische Angaben

- **Öffnungszeiten:** Mo.–Mi. 9/9.30–18/19 Uhr, Do. bis 20.30/21 Uhr, Fr. bis 19/19.30, Sa. bis 16/18 Uhr. Kleinere Läden öffnen Mo. oft erst am frühen Nachmittag oder sind gelegentlich mittags (ca. 12–14 und ab 17 Uhr) geschlossen.
- **Adressangaben:** Sofern die nachfolgend empfohlenen Läden nicht im Stadtzentrum liegen, wurde die günstigste Nahverkehrsverbindung angegeben.
- **Infos im Web:** www.geneva.info/shopping

Süße Lust: Schweizer „Schoggi“

Als 1519 Hernán Cortéz in Mexiko bei den Azteken Bekanntschaft mit dem Kakao machte, soll er überhaupt nicht angetan gewesen sein von dem mit Chili und Kräutern gewürzten braunen Extrakt. Da er jedoch das erhoffte Gold nicht fand, nahm er wenigstens dieses „Braune Gold“ mit nach Europa. Im Laufe der Jahrhunderte mit süßenden Stoffen, Milch und Honig verfeinert, erfreute es sich an den Fürstenhöfen großer Beliebtheit als stimulierendes, angeblich sogar aphrodisierendes Heilmittel. Die eigentliche Blüte erlebten die braunen Bohnen jedoch erst im 19. Jh., als Chocolatiers, vor allem solche aus der Schweiz, den ölhaltigen, derben und bitteren Grundstoff mit dem süßen Extrakt des Zuckerrohrs vereinten, ihn cremig mahlten und mittels Konchierens zu Schokolade werden ließen.

Bereits der Naturforscher und Entdecker Alexander von Humboldt (1769–1859) soll festgestellt haben, dass die Natur „kein zweites Mal … eine solche Fülle der wertvollsten Nährstoffe auf einem so kleinen Raum zusammengedrängt wie gerade bei der Kakaobohne“ habe. Immerhin liefert sie 11 % Eiweiß, 54 % Fett (Kakaobutter), 1 % Zucker und 6 % Mineralstoffe, vor allem Kalium und Magnesium, Kalzium, Eisen, Zink und Kupfer, enthält Alkaloide zur Stimulanz des zentralen Nervensystems, soll gut gegen Depressionen und gesundheitsfördernd für Hautzellen, Herz, Gefäße und das Gehirn sein.

Die Schweiz und ihre „Schoggi“ sind ein besonderes Paar. Die Schweizer konsumieren weltweit die meiste Schokolade, nämlich knapp 12 kg im Jahr. Angeblich war es ein gewisser François-Louis Cailler (1796–1852) aus Turin, der die Schweizer Liebe zum „Schoggi“ entfachte. 1819 eröffnete er als erster einen Laden bei Lausanne, handelte mit Kakao und experimentierte mit unterschiedlichen Schokoladenrezepturen. Ein paar Jahre später (1826) eröffnete Philippe Suchard seine Schokoladenfabrik bei Neuchâtel und produzierte bald darauf bereits über 30 kg Schokolade pro Tag. 1901 wurde im Hause Suchard „Milka“ erfunden, die lila Milchschokolade, die weltweit zum Symbol für Schweizer Schokolade geworden ist und heute durch den Großkonzern Kraft Foods vertrieben wird.

Charles-Amédée Kohler aus Lausanne warf 1830 erstmals Nüsse in die Schokolade. Im Jahr 1845 betrat Rudolf Sprüngli die Bühne und gründete in Zürich die bis heute legendäre Schokoladenfabrik Lindt. 1875 gelang es Daniel Peter, einem Abkömmling von F.-L. Cailler, dank einer Erfindung von Henri Nestlé erstmals, Milch zu kondensieren und damit Milchschokolade herzustellen. Noch wegweisender war jedoch die Errungenschaft von Rudolf Lindt in Bern: die „Conchage“, der Entzug von Feuchtigkeit aus der Schokomasse mittels Erhitzen und Rühren. Auf diese Weise und durch die Zufügung von Kakaobutter schuf Lindt cremigere Schokoladen.

1887 experimentierte Frey in Aarau (heute Migros) mit neuen Schokoladen, doch die „Erfindung“ von Jean Tobler in Bern Ende des 19. Jh. war spektakulärer: Sein trapezförmiger Riegel, verfeinert mit Mandelstückchen und Honig, ging weltweit als „Toblerone“ in die Geschichte ein.

In den Jahren 1890 bis 1920 wurde die Schokoladenherstellung zur Perfektion getrieben. Gleichzeitig bildeten sich die berühmten großen Schweizer „Schoggi-Konzerne": 1899 schlossen sich Lindt und Sprüngli zusammen und 1926 fusionierten Kohler, Peter und Cailler und legten die Basis für den heute zu den größten Lebensmittelmarken der Welt zählenden Konzern Nestlé.

In jenen Jahren versorgten die Schweizer Chocolatiers nicht nur den heimischen Markt, sondern begründeten zugleich den weltweit guten Ruf der exklusiven Schweizer Schokolade. Bis zu drei Viertel der Produkte wurden schon damals exportiert. Nicht jedoch die Quantität, sondern die hohe Qualität sorgte und sorgt für den Ruf der Schweiz als Schokoladennation.

Im Jahr 2004 wurden laut Chocosuisse, dem Zusammenschluss von 13 industriellen Schokoladenherstellern, in der Schweiz 148.270 t Schokolade und Schokoladenprodukte produziert, davon 53 % exportiert, 20 % nach Deutschland, je 11 % nach Frankreich und Großbritannien und 13 % nach Nordamerika. Die größten Schweizer Schokoladenfabriken sind Chocolat Frey (Migros), Kraft Foods (Tobler, Suchard), Lindt & Sprüngli sowie Chocolat Halba (COOP). Der Schweizer Konzern Barry Callebaut zählt zu den größten Schokoladenherstellern der Welt, u. a. stammen Sarotti (früher Stollwerck AG) und Alprose aus seiner Firma. Er betreibt zugleich ein Schokoladenlaboratorium in Meulan: „Or Noir Lab", wo Schokoladenproduzenten und Pralinenhersteller aus der ganzen Welt ihre eigenen Schokoladenmischungen selbst herstellen und beziehen können.

Es gibt heute kaum mehr Betriebe, die Kakaopulver oder Kakaobutter selbst herstellen. Dabei spielt der Kakao eine tragende Rolle seit dem Boom der dunklen Schokoladen mit hohem Kakaoanteil. Als Kakaoedelsorte gilt der „Criollo" (Venezuela, Bolivien, Brasilien), er macht allerdings nur 3 % der Weltproduktion aus, während „Forastero" und „Trinitario" (Afrika, Indonesien) die meistverbreiteten Sorten sind. Mindestens ebenso wichtig wie die Kakaosorte ist das Konchieren der Masse, das bis zu 72 Stunden lang dauert und für Geschmeidigkeit, Cremigkeit und das Geschmackserlebnis schlechthin sorgt.

Die handgeschöpften, teuren Produkte werden mit ungewöhnlichen Geschmackskomponenten wie Pfeffer, Chili oder Zitronenpfeffer versehen und Neukreationen stehen auf der Tagesordnung. Weiße Schokolade wird von echten Kennern übrigens nicht als Schokolade anerkannt, da sie nur aus Kakaobutter – dem bei der Kakaopulverherstellung abgepressten farblosen Öl – und Mengen von Milch und Zucker besteht.

Auch in Genf sind herausragende Chocolatiers tätig, zu den derzeit berühmtesten zählt Philippe Pascoet. Eine besondere Spezialität, die angeblich aus der Confiserie Auer stammt, sind die „Pavés de Genève", die „Genfer Pflastersteine": leckere Schokowürfel, deren Zusammensetzung das Geheimnis eines jeden Chocolatiers ist.

Wer mehr über die „Schoggi" erfahren möchte, kann sich Firmenbesichtigungen (meist nur um Ostern herum) anschließen, z. B. bei Stettler (www.chocolaterie-stettler.ch) oder Rohr (www.rohr.ch). An einem Wochenende im Oktober findet außerdem Le Salon international des Chocolatiers et du Chocolat im Bâtiment des Forces Motrices statt (Infos: www.salondeschocolatiers.com).

fünf Generationen *Amandes Princesse*, Trüffel und Ganache nach derselben Traditions-Rezeptur hergestellt. Eine weitere Spezialität sind die *Pavés glacés de Genève*.

125 [J8] **Boutique Favarger,** Quai des Bergues 19, www.favarger.com. Laden der seit über 200 Jahren in Genf ansässigen Schokoladenmanufaktur.

126 [K7] **Chocolaterie Stettler,** Rue de Berne 10, www.chocolaterie-stettler.ch. Bekannt für die *Pavés de Genève*, aber auch Trüffel, Mandelschokolade und anderes ist von vorzüglicher Qualität wird angeboten.

127 [K9] **Chocolats Rohr,** Place du Molard 3, www.chocolats-rohr.ch. Trüffel, Pralinen, glasierte Maronen und andere Leckereien.

128 [J9] **Du Rhône Chocolatier,** Rue de la Confédération 3, www.du-rhone.ch. Seit 1875 und noch heute ein Muss für jeden Schokoladenliebhaber!

129 [J9] **Gilles Desplanches,** Rue de la Confédération 2, Tel. 022 8103028, www.gillesdesplanches.com. Viel gerühmter Chocolatier. Im zugehörigen Tearoom gibt es auch hervorragendes feines Gebäck, heiße Schokoladen, frische Säfte und kleine Gerichte.

130 [K9] **Teuscher Confiserie,** Rue du Rhône 42, www.teuscher.com. Spezialitäten sind u. a . die Champagnertrüffel. Besonders hervorzuheben ist die große Pralinenauswahl!

Shoppingareale

Die wichtigsten Shoppingbereiche der Stadt sind im Kartenmaterial mit einer rötlichen Fläche markiert.

Käsekauf leicht gemacht

Genf ist ein Paradies für Käseliebhaber und auch bezüglich des Käseangebots durch und durch französisch. Allerdings fällt an den Käseständen vor allem eine Sorte ins Auge: der ***Gruyère (Greyerzer).*** *Und das, obwohl dieser nicht aus dem Kanton Genf und auch nicht aus Frankreich, sondern aus dem nahen Schweizer Kanton Fribourg bzw. dem Städtchen Gruyère stammt und seit 1115 urkundlich belegt ist. Heute ist „Gruyère SWITZERLAND" ein geschütztes Warenzeichen und Käse mit dieser Bezeichnung darf nur in den Kantonen Freiburg, Waadt, Neuenburg und Jura und in einzelnen benachbarten Bezirken und Gemeinden hergestellt werden.*

Gruyère wird in Form von großen Laiben mit einem Gewicht zwischen 25 und 40 kg angeboten. Der etwas brüchige, mittelfeste Teig weist einen Fettgehalt von rund 50 % in der Trockenmasse auf und ist in ***verschiedenen Reifestufen*** *erhältlich:*

- *mild/doux: mindestens 5 Monate,*
- *reif/rezent/salé: mindestens 7 Monate,*
- *surchoix/réserve: mind. 10 Monate,*
- *extrareif/vieux: mind. 15 Monate.*

Meist gibt es am Käsestand die Gelegenheit zu probieren, welcher Reife- und damit Schärfegrad der richtige ist – im Normalfall liegt man mit einer mittleren Altersstufe richtig. Gruyère wird in der Schweiz als „Möckli" (Bröckchen) zum Aperitif serviert, zum Überbacken für Quiches und auf Croques eingesetzt und dient zusammen mit Emmentaler und Vacherin als ***Hauptbestandteil des Schweizer Käsefondues.***

Spezialitäten

131 [J9] **Boulevard du Vin,** Bd G. Favon 3, www.boulevard-du-vin.ch. Nicht nur Genfs bester Weinladen, hier gibt es auch eine Bar (Mo.-Mi. 16-24 und Do./Fr. 16-1 Uhr) zum Verkosten und Snacks.

132 [K9] **Grande Boucherie du Molard,** Rue du Marché 20, www.boucheriemolard.ch. 1921 gegründeter Metzger, der inzwischen zum exquisiten Feinkostladen aufgestiegen ist.

133 [K10] **Olivier&Co.,** Place de Bourg-de-Four 10, www.oliviers-co.com. Spezialisiert auf besondere Olivenöle aus verschiedenen Mittelmeerregionen, es werden aber auch Gewürze und diverse Feinkostprodukte angeboten.

Märkte

Fast in jedem Stadtviertel finden an bestimmten Wochentagen vormittags Wochenmärkte statt, auf der Place du Molard 17 täglich ein Blumenmarkt. Die größeren Märkte in Zentrumsnähe werden hier genannt.

Einen Besuch wert ist auch der Markt in Carouge (s. Kapitel „Einkaufen in Carouge“, S. 78).

› Eine detaillierte Übersicht aller Märkte findet sich unter www.ville-geneve.ch/faire-geneve/marches-ville-geneve/calendrier-marches.

134 [L9] **La Halle de Rive,** Rue Pierre Fatio/Bd Helvétique, www.halle-de-rive.ch, Mo.-Fr. 7.30-19 Uhr, Sa. 6-16 Uhr. Markthalle mit guter Auswahl an Käse, Bündner Fleisch und weiteren Spezialitäten, außerdem Bistrot und Café. Mi. und Sa. 8-13 Uhr findet vor der Halle (Bd Helvétique) ein Bauernmarkt statt.

› **Plaine de Plainpalais** [I/J10], Di./Fr. 6.30-14.15, So. 8.30-18.15 Uhr. **Wochenmarkt** mit Spezialitäten wie Käse, Wurst, Gemüse und Obst. Mi./Sa. und jeden 1. So. im Monat findet hier ein **Flohmarkt** statt (s. u.).

Floh- und Kunsthandwerksmärkte

› **Marché aux Puces,** Plaine de Plainpalais [I/J10]. Riesiger und relativ günstiger Flohmarkt jeden Mi. und Sa.von 6.30 bis mindestens 17.15 Uhr, außerdem am 1. So. im Monat. Besonders am Samstag große Auswahl von Kleidung über Haushaltswaren, Comics und Bücher bis hin zu Antiquitäten.

› **Marché de la Fusterie,** Place de la Fusterie 16. Do. 9.30-20 Uhr kleiner Kunsthandwerksmarkt (Glas, Spielzeug, Schmuck, Keramik, Kerzen, Bilder), Di./Fr. 8.30-18.15 Uhr (April-Nov.) Büchermarkt und im Dez. kleiner Weihnachtsmarkt. Mi./Sa. 6.30-19.15 Uhr Wochenmarkt.

› **Place de la Madeleine** [K9], tgl. außer sonntags 9-18.30 Uhr. Exotisches, Bücher- und Kleidermarkt, auch Spezialitäten.

124ge Abb.: mb

Ein bunter Flohmarkt findet samstags auf dem Plaine de Plainpalais (s. S. 42) statt

Bücher und Musik

135 [L10] **Art et Histoire,** Rue Charles-Galland 2, Di.–So. 11–18 Uhr. Im MAH gelegener Buch-Poster-Geschenkeladen, ideal auch für historisch Interessierte.

136 [L9] **Fnac,** Rue de Rive 16, Mo.–Mi. 9–19 Uhr, Do. 9–20.30 Uhr, Fr. 9–19.30, Sa. 9–18 Uhr. CDs, DVDs, Bücher, aber auch Foto- und Elektronikabteilung, Telefonkarten- und Ticketverkaufsstelle (www.fnactickets.com).

137 [J8] **L'Oreille Cassée,** Rue Rousseau 14, www.oreillecassee.ch, Mo. 13–18.45, Di.– Fr. 10–18.45, Sa. 10–18 Uhr. Einer der besten Läden für Comic-Freunde.

138 [K12] **Librairie Cupidon,** Bd. de la Cluse 43, www.bdcupidon.com, Mo.–Fr. 13.30–19, Sa. 10–17 (nicht im Sommer). Außer Comics auch große Auswahl an Funko-Pop!-Figuren.

139 [J9] **Librairie Le Rameau d'Or,** Bd Georges Favon 17. Gemütliche Buchhandlung mit neuen und gebrauchten Büchern.

140 [I13] **Little Nemo BD-Art Gallery,** Rue St. Victor 35, Carouge, https://littlenemo-carouge.weebly.com, Di.–Fr. 14–18, Sa. 11–16 Uhr. Comics in allen Formen, von Originalen und Postern bis hin zu Büchern, Heften und anderer Kunst.

141 [J10] **musics,** Rondpoint de Plainpalais 2, www.musicsgeneva.com. Riesige Auswahl an CDs, LPs und DVDs (Schwerpunkt Jazz, Klassik), Secondhand und daher preiswert.

142 [K9] **Payot Libraire (1),** Rue de la Confédération 7. Der größte Buchladen der Stadt, neben Literatur große wissenschaftliche Abteilung und gutes Sortiment an Reiseführern und vor allem Comics, die hier *Bande dessinée* genannt werden. Filiale:

143 [J7] **Payot Libraire (2),** Gare de Cornavin

Einkaufen in Carouge

144 [I14] **Brönnimann & Fils,** Rue du Marché 4 (Carouge). Traditioneller Genfer Metzger mit getrüffelter Wurst, *Andouilette, Longeole* und anderen regionalen Spezialitäten.

145 [G15] **La Praille Centre Commercial,** Route des Jeunes 10 (Carouge, Bus D bis „Stade de Genève"), www.la-praille.ch. Großes Einkaufszentrum neben dem Fußballstadion. Beherbergt rund 70 größere und kleinere Läden, darunter einen toll sortierten COOP (Supermarkt), Spielearkade und Fitnesszentrum.

› **Marché de Carouge,** Place du Marché, Mi./Sa. 6–14, saisonal auch Do. 14–21 Uhr. Markt auf dem zentralen Dorfplatz von Carouge 46 (Tram 12/13/14) mit lokalen und französischen Spezialitäten (Käse, Backwaren, Obst, Gemüse, Wurstwaren, Wein).

146 [I13] **Philippe Pascoët,** Rue Saint-Joseph 12 (Carouge), www.philippe-pascoet.ch. Laden des preisgekrönten Chocolatiers Philippe Pascoet, der bekannt ist für Kreationen aus verschiedenen Kakaosorten mit Champagner, Kräutern, Gewürzen und verschiedenen Aromen. Filiale auch im Einkaufszentrum Bongénie (s. S. 72).

147 [I13] **Teo Jakob,** Place de l'Octroi 8 (Carouge), www.teojakob.ch. Laden des Top-Designers der Schweiz, in erster Linie Möbel und Wohnungszubehör.

148 [I13] **Wolfisberg,** Place du Temple (Carouge), www.wolfisberg.org, tgl. 6.30–19 Uhr. Ausgezeichnete Bäckerei mit Broten und Gebäck, aber auch speziellen Leckereien, Kuchen und Schokoladen. Angeschlossen sind ein Tearoom, ein Lokal sowie ein Kiosk auf dem Freiplatz im Sommer. Weitere Filialen.

Viele öffentliche Parks am Seeufer machen Genf zur „grünen Stadt"

028ge Abb.: mb

Genf zum Träumen und Entspannen

Es ist die Lage Genfs am gleichnamigen See und an der Rhône sowie das fast mediterrane Klima, das eine entsprechend üppige Flora zur Folge hat, die der Stadt in der südwestlichen Ecke der Schweiz einen besonderen Reiz verleihen. Genf protzt geradezu mit Grün – es gibt etwa 50 Parkanlagen – und hat ungewöhnlich viele öffentlich zugängliche Parks in idyllischer Lage, mit Promenaden und Ausblick entlang beider Seeufer zu bieten.

› Detaillierte Infos gibt es unter www.ville-geneve.ch/themes/environnement-urbain-espaces-verts/espaces-verts/parcs.

Parc des Bastions 37

Das dem Zentrum nächstgelegene Ruheidyll befindet sich an der Universität. Der Parc des Bastions mit dem alten **Botanischen Garten** von 1817 ist nicht übermäßig groß, aber botanisch interessant: Arboretum, Gewächshäuser, Stein-, Medizinal- und Duftgarten sowie ein Lokal mit Buvette, Spielen und Liegestühlen laden in unmittelbarer Nähe zur **Reformationsmauer** und zur Altstadt zum Verweilen ein. Beliebter Studententreff!

Rive Gauche: Jardin anglais 19

Am südlichen Seeufer (Rive Gauche) gelegen und an die Innenstadt angrenzend, liegt dieser 1854 ins Leben gerufene Park mit Musikpavillon aus dem spätem 19. Jh. und Kunstwerken. Berühmtester Teil des Parks ist die **Blumenuhr** und sie macht den Park zum beliebten und damit auch stark frequentierten Treffpunkt von Einheimischen und Besuchern.

Rive Gauche: Parc la Grange und Parc des Eaux-Vives 22

Am Quai Gustave Ador, der sich vom Jardin anglais am linken Seeufer nach Osten erstreckt, liegt das große grüne Areal des Parc La Grange und daran direkt anschließend der Parc des Eaux-Vives.

Ersterer ist ein wahrhaft idyllischer Park und der Ausblick von erhöhter Stelle ist spektakulär, speziell bei Sonnenuntergang. Ein Teil des Parks ist ein 1945/1946 angelegter **Rosengarten** mit über 200 Arten und 13.000 Pflanzen.

Ebenfalls botanisch sehenswert, vor allem aufgrund der **vielen Rhododendronarten** (ein Geschenk aus Holland), ist der Parc des Eaux-Vives. Um 1750 entstand die Grünfläche auf dem ehemaligen Grundstück von Louis Favre, dem Erbauer des Gotthardtunnels. Sein ehemaliges Schloss befindet sich im Parkzentrum. (Heute beherbergt es ein Hotel und ein Restaurant.)

Rive Droite: Bains des Pâquis 29

Wer es etwas weniger abgeschieden haben möchte, ist auf der rechten Uferseite gut aufgehoben. An der Promenade vor den Nobelhotels entlang dem **Quai du Mont-Blanc** findet sich eine ganze Reihe unterschiedlich großer Parkanlagen.

Ein beliebter Treffpunkt der Genfer Jugend ist das mitten im Hafenbecken gelegene Bains des Pâquis, das **traditionsreiche „Volksbad"**, wo sich abends und am Wochenende scheinbar ganz Genf trifft. Egal ob zum erfrischenden Seebad, um die Aussicht zu genießen, auf einen Drink, zum günstigen Frühstück oder Lunch: Dies ist der richtige Ort, um Menschen jeder Couleur zu treffen – man sollte allerdings keine Angst vor Menschenmengen haben.

Im August gibt es täglich von 6 bis 7 Uhr **gratis Morgen-Konzerte.** Aber auch im Winter trifft man sich hier zum Schwitzen in **Sauna oder Dampfbad.**

Rive Droite: Parc Mon Repos 30 und Perle du Lac

Nördlich des prächtigen Palais Wilson [L6] beginnt mit dem Parc Mon Repos der erste Teil einer **Kette von Grünanlagen** entlang dem rechten Seeufer.

La Perle du Lac (s. S. 64) gehört zu diesem Abschnitt, ein **traditionell beliebter Erholungsort:** Bereits in der Antike gab es hier eine Thermenanlage und eine römische Villa.

1828 entstand die **Villa Bartholoni,** die heute Sitz des Musée d'Histoire des Sciences (s. S. 60) ist. Auf dem weitläufigen Areal rund um die Villa findet jeder ein Plätzchen, sei es auf einer Bank am Seeufer oder auf einer der Wiesen unter großen, Schatten spendenden Bäumen.

Rive Droite: Parc Barton und Jardin Botanique 31

Je weiter man nordwärts Richtung UNO-Viertel wandert, umso ruhiger wird es. Der Park Barton und der Jardin Botanique sind **weitläufige Ruheidylle direkt am See.** Hier lassen sich mühelos ein paar Stunden vertrödeln, auf alle Fälle sollte ein kleines Ruhepäuschen drin sein.

Andere Ruhepunkte

Im Nordwesten des Bahnhofs Gare de Cornavin [J7] befinden sich weitere große Grünanlagen, die insbesondere die Bewohner der Stadtviertel zwischen Bahnhof und Flughafen als ihre „Gute Stube" betrachten: der **Parc des Cropettes** [J7] und der **Parc de Beaulieu** [I6].

Ein etwas skurriler, aber durchaus erholsamer Ort im geschäftigen Genf ist schließlich auch der **Cimetière de Plainpalais** [I9].

Die „Stadt in der Stadt“: UNO-Sitz Genf

Die „United Nations Organisation“ – kurz UNO – wurde im Angesicht der Katastrophe des Zweiten Weltkriegs am 19. Oktober 1945 in San Francisco auf Initiative der USA von 51 Ländern gegründet. Inzwischen gehören **193 Nationen** der Organisation an – kurioserweise ist die Schweiz erst im Jahr 2002 beigetreten. Nachdem der Millionär John D. Rockefeller in New York ein Gelände – damals 5,8 Mio. Dollar wert – am East River der UNO zur Verfügung gestellt hatte, wurde hier die Zentrale der Vereinten Nationen eingerichtet. Doch schon bald wurde deutlich, dass man darüber hinaus eine Dependance auf dem „alten Kontinent“ Europa benötigt. Die Wahl fiel nicht schwer: Als Sitz des Vorläufers der UNO, des 1920 gegründeten und 1946 aufgelösten Völkerbundes, war die „Perle am Genfer See“ als zweiter UN-Sitz prädestiniert.

Gegen einen **Ausbau des alten Völkerbundsitzes** im Palais Wilson [L6] direkt am Seeufer setzten sich sowohl die Stadt als auch einflussreiche Bürger zur Wehr. Schon 1928 hatte die Stadt zum Glück mit dem Völkerbund große Teile des zur alten Revilliod-Villa (heute Musée Ariana 43) gehörigen Geländes gegen Grundstücke am See getauscht. Auf dem Gebiet nördlich der Villa wurde 1946 der riesige **Palais des Nations 42**, die europäische UN-Zentrale und der Kern der „Internationalen Zone“, erbaut.

Rund **100 internationale Regierungs- und über 250 Nichtregierungsorganisationen** haben sich hier im Norden der Stadt rings um den riesigen Komplex der Vereinten Nationen angesiedelt, darunter die Konferenz der Vereinten Nationen über Handel und Entwicklung (UNCTAD), die Internationale Arbeitsorganisation (ILO), die Weltgesundheitsorganisati-

Die europäische UNO-Zentrale

on (WHO), das Hochkommissariat für Flüchtlinge (UNHCR) oder die World Meteorological Organization (WMO). Auch die Welthandelsorganisation (WTO) hat hier ihren Sitz, ebenso eine Reihe spezialisierter Organisationen für technische Normung und Urheberrechte wie die Internationale Organisation für Normung (ISO), die Internationale Fernmeldeunion (UIT) oder die Weltorganisation für geistiges Eigentum (WIPO).

New York ist die Zentrale, der Dreh- und Angelpunkt der Vereinten Nationen – auch der Sicherheitsrat (Security Council) als höchste Instanz der UNO tagt dort. Er besteht aus fünf ständigen – China, Russland, USA, Großbritannien und Frankreich – und zehn wechselnden Mitgliedern. Für Beschlüsse sind neun Ja-Stimmen nötig, dabei muss die Zustimmung aller fünf ständigen Mitglieder, die zugleich Vetorecht haben, erfolgen.

Während der jährlichen Sitzungsperiode der zweiten wichtigen Instanz der Vereinten Nationen, der UN-Vollversammlung, von September bis Weihnachten in New York finden die Beratungen aller Gremien in sechs Sprachen (Englisch, Französisch, Spanisch, Russisch, Arabisch und Chinesisch) statt. Außerdem ist der UN-Generalsekretär, seit 2017 der Portugiese António Guterres, in New York zu Hause.

Genf – offiziell spricht man vom „United Nations Office at Geneva“ (UNOG) – ist der zweite Hauptsitz der UNO und Sitz vieler wichtiger Unterorganisationen wie dem Menschenrechtsrat oder dem Hochkomissariat für Menschenrechte. Für die vielen Nichtregierungsorganisationen ist Genf sogar **der günstigere Standort,** da die Einreisebestimmungen der Schweiz liberaler sind als jene der USA. So finden hier zahlreiche Sitzungen und Vorberatungen der unterschiedlichen Gremien der UN-Abteilungen statt.

Die Finanzierung der UNO gliedert sich in **drei Budgets:** das *Regular Budget* für die Aufrechterhaltung des

Ein Highlight im Palais des Nations: der Salle des Conseils

029ge Abb.: mb

Betriebs, das *Peacekeeping Budget* für den weltweiten Einsatz von Blauhelm-Truppen und das *Program Budget* für Programme von UNESCO oder UNICEF.

Wenig beachtet wird das wichtigste und „fleißigste“ UNO-Organ, der Wirtschafts- und Sozialrat (ECOSOC). Weitere wichtige Abteilungen sind die World Health Organization (WHO), das Office of the High Commissioner for Refugees (UNHCR), die International Labor Organization (ILO) und das International Committee of the Red Cross and Red Crescent (ICRC) sowie das Joint United Nations Programme on HIV/AIDS (UNAIDS). Diese bedeutenden UN-Organisationen sind allesamt in Genf zu Hause, ebenso das durch den Erhalt des Friedensnobelpreises zusammen mit Al Gore weltweit in die Schlagzeilen geratene Intergovernmental Panel on Climate Change (kurz IPCC), der **UN-Klimarat**, der regelmäßig einen international beachteten Klimareport veröffentlicht und auf die globalen Dimensionen des Klimawandels eindringlich hinweist.

› Weitere **Infos im Internet:** www.unog.ch bzw. www.un.org

EXTRAINFO

Spezialmessen

Zwischen Anfang April und Anfang Mai finden mehrere Spezialmessen statt, die zwar für Besucher nur teilweise interessant sind, deren Termine man jedoch im Kopf behalten sollte, da in dieser Zeit Zimmer rar und teuer sind. Nach der **International Exhibition of Inventions** (www.inventions-geneva.ch) Ende April/Anfang Mai folgt der **Salon du Livre** (www.salondulivre.ch), eine Buch- und Multimediamesse.

Zur richtigen Zeit am richtigen Ort

Frühjahr

› **Geneva International Motor Show/Salon international de l'Auto & Accessoires:** Die erste Märzhälfte (11 Tage) sollten sich Autofreunde wegen der größten Automobilausstellung der Schweiz, dem Genfer Autosalon, im Geneva Palexpo am Flughafen vormerken (www.salon-auto.ch/de).

› **International Film Festival And Forum On Human Rights:** Mitte März geht es zehn Tage lang beim „FIFDH“ um die Bedeutung der Menschenrechte. Als Mitveranstalter fungiert das UNHCR, die in Genf beheimatete UNO-Behörde für Menschenrechte (www.fifdh.org).

› **Archipel – Festival des musiques d'aujourd'hui:** In der 2. Märzhälfte finden sich 11 Tage lang Fans zeitgenössischer Musik in Genf ein (www.archipel.org).

› **ELECTRON:** In der zweiten Aprilhälfte gibt es elektronische Kunst aller Sparten und Erscheinungsformen. Ausstellungen, Workshops und weitere Veranstaltungen (www.electronfestival.ch).

› **Fête de l'Espoir:** Schweizer und französische Musiker treten an einem Samstag Mitte Mai ohne Gage für den guten Zweck im Patinoire des Vernets (s. S. 52) auf (www.espoir.ch).

Sommer

› **Bol d'Or Mirabaud:** Nicht nur Segelfreunde sollten die Stadt während der Anfang/Mitte Juni stattfindenden größten Süßwassersegelregatta der Welt auf dem Genfer See besuchen. Der bislang schnellste Segler umrundete den See in knapp über fünf Stunden, Hobbysegler lassen sich gern einen ganzen Tag lang Zeit (www.boldormirabaud.com).

013ge Abb.: gt

- **Fête de la Musique:** In der zweiten Junihälfte finden 3 Tage lang während dieses Musikfestivals Konzerte aller Genres auf den Straßen der Stadt und im Umland statt (www.ville-ge.ch/fetedelamusique).
- **Musiques en Été:** Anf. Juli bis Ende Aug. gibt es im **Alhambra** (s. S. 69), in der **Victoria Hall** 34 und in der Scène Ella Fitzgerald im **Parc La Grange** 22 klassische und Jazz-Konzerte. Infos: www.ville-ge.ch/culture/musiques.
- **Allianz Cinema:** Mitte Juli–Ende August werden am Seeufer (Port Noir, Nähe **Genève-Plage** 23) Filme unter freiem Himmel vorgeführt. Infos: https://allianzcinema.ch.
- **Le Grand Feu d'artifice:** alle zwei Jahre Mitte Aug. (nächste Termine 2020, 2022), Rade de Genève (S. 30), großes pyrotechnisches Spektakel über 45 Minuten (www.geneve.com/en/events/the-grand-fireworks).
- **Les Aubes:** Sommerkonzerte im Bains des Pâquis 29, im August tgl. 6–7 Uhr, Eintritt frei

Feuerwerk anlässlich des Grand Feu d'artifice

- **Zirkus Knie, La Bâtie und andere Spätsommerfeste:** Ehe der Herbst Einzug hält, häufen sich Ende August/Anfang September noch einmal die Events. Da gibt der Schweizer **Zirkus Knie** ein Gastspiel (www.knie.ch), während sich das Festival **La Bâtie** in der ersten Septemberhälfte ganz der zeitgenössischen Musik, Tanz und Theater widmet (www.batie.ch). **Vogue de Carouge,** ein Fest mit Kunsthandwerksständen, Musik und Umzug, hält den Vorort Ende August ein Wochenende lang auf Trab (https://voguecarouge.ch). Schließlich kann man sich am ersten Septemberwochenende während der **Journées Européennes du Patrimoine** Touren durch sonst nicht zugängliche Monumente und andere Sehenswürdigkeiten anschließen (Infos unter www.journeesdupatrimoine.ch.

Herbst

- **Fête des Vendanges:** In der zweiten Septemberhälfte kann sich der Besucher beim Weinfest in Russin im Genfer Weinland an einem Wochenende davon überzeugen, dass im Kanton Genf ausgezeichnete Weine produziert werden (www.fetedesvendangesrussin.ch).

Feiertage

Von Seiten des Bundes ist nur der 1. August als offizieller Feiertag für das gesamte Land festgelegt, alle anderen Feiertage sind Sache des jeweiligen Kantons. In der gesamten Schweiz als Feiertage anerkannt sind Neujahr, Auffahrt (Christi Himmelfahrt) und der erste Weihnachtsfeiertag. Auch Karfreitag, Ostermontag, Pfingstmontag und der Stephanstag (2. Weihnachtsfeiertag) werden nahezu in allen Kantonen begangen, so auch in Genf. Spezielle Feiertage in Genf sind der Genfer Bettag im September sowie der Tag der Wiederherstellung der Republik am 31. Dezember.
An folgenden Tagen sind die Geschäfte geschlossen:

- Neujahr (1. Januar)
- Karfreitag
- Ostermontag
- 1. Mai (Tag der Arbeit)
- Auffahrt (Christi Himmelfahrt)
- Pfingstmontag
- 1. August (Fête Nationale Suisse – Schweizer Nationalfeiertag)
- Jeûne genevois – Genfer Bettag (Donnerstag nach dem 1. Sonntag im September, in Erinnerung an die Bartholomäusnacht vom 23. August 1572, als in Frankreich zahlreiche Hugenotten getötet wurden.)
- Weihnachtstag (25. Dezember) und Stephanstag (26. Dezember)
- Wiederherstellung der Republik Genf (31. Dez.)

Winter

- **Supercross International de Genève:** Der international bekannte Treffpunkt für Freunde des Motorradsports Ende Nov./ Anfang Dez. Es finden dabei Motocrossrennen auf der mit 3 km weltweit längsten Indoorpiste statt (www.supercross-geneve.com).
- **Concours Hippique International de Genève:** Anf./Mitte Dezember treffen sich die besten Springreiter und Pferde in der größten Reithalle der Welt (http://www.chi-geneve.ch).
- **Vorweihnachtszeit:** Zwischen Ende November und Ende Dezember präsentiert sich Genf weihnachtlich-festlich. **Patinoires de Noël,** Eislaufbahnen im Freien, sorgen für winterliches Vergnügen und für Licht im Dunkel sorgt die Beleuchtung des **Festival Arbres & Lumières.** Auf der Place de la Fusterie findet in den 15 Tagen vor Weihnachten der **Marché International de Noël**, der Genfer Weihnachtsmarkt, statt.
- **Fête de l'Escalade:** Der Höhepunkt des Genfer Festkalenders findet am dem Wochenende, das dem 11./12. Dezember am nächsten liegt statt. Das Fest erinnert die Stadt an den Angriff savoyischer Truppen in der Nacht vom 11. auf den 12. Dezember 1602, den die Gen-

091ge Abb.: mb

Regelmäßig zu Gast in Genf: der Schweizer Zirkus Knie (s. S. 84)

Die Escalade

Dieses traditionelle Genfer Fest erinnert alljährlich an den misslungenen Angriff der Truppen von Karl-Emmanuel von Savoyen auf die Stadt in der Nacht vom 11. auf den 12. Dezember 1602. Das Wahrzeichen der Festlichkeiten ist die Marmite, der Kochtopf, der den armen Savoyarden von der Mère Royaume, einer tapferen Frau aus dem Volk, samt Suppe über das Haupt gegossen wurde.

Zur Erinnerung an diese mutige Tat gibt es in Genfer Konditoreien anlässlich der Escalade solche Kochtöpfe aus Schokolade oder Nougat. Die Marmites werden dann feierlich zerschlagen und während der Inhalt – farbenfrohes Marzipan, das das Gemüse darstellt – herausquillt, ruft man laut aus: „C'est ainsi que périssent les ennemis de la République!" – „So werden die Feinde der Republik sterben!"

012ge Abb.: gt

fer erfolgreich abwehren und sich so ihre Unabhängigkeit bewahren konnten. Höhepunkt ist am Sonntag ein Fackelzug von über 1000 Menschen zum Klang von Querflöten und Trommeln (Infos: www.1602.ch).

- **Course de l'Escalade:** Im Rahmen der Fête de l'Escalade findet am ersten Dezemberwochenende ein Volkslauf in verschiedenen Kategorien (auch für Kinder) statt (https://escalade.ch).
- **Black Movie – Festival International de Films de Genève:** Ende Januar fesselt zehn Tage lang Black Movie die alternative Kinowelt. Ungewöhnliche Filme aus weniger bekannten Ecken der Welt (aus rund 30 Ländern, Schwerpunkt Asien und Südamerika) stehen auf dem Programm (www.blackmovie.ch).

EXTRAINFO

Veranstaltungskalender
Infos zu aktuellen Events online unter www.geneve.com/en/see-do/events

GENF VERSTEHEN

116ge Abb.: gt

Genf ist mondän, elegant und international – und unübersehbar französisch geprägt. Doch Genf ist auch Bankenmetropole und Zentrum der Uhrenherstellung, zweitwichtigster Sitz der UNO, Geburtsort des Roten Kreuzes und „Mutterstadt" der Reformation. Obwohl Genf nicht groß ist, gibt es sich ausgesprochen großstädtisch und wird zu Recht als „kleinste Weltmetropole" bezeichnet. Die Stadt wird bewohnt von einem bunten Völkergemisch, das zwischen französischem *laissez faire* und Schweizer Ordnungs- und Reinlichkeitssinn hin- und hergerissen zu sein scheint.

Genf – ein Porträt

Schöne Flecken gibt es in der Schweiz viele, doch nur wenige andere Städte können eine derart traumhafte Lage aufweisen: eingebettet zwischen schneebedeckten Bergen – den Ausläufern des französischen Jura einerseits und denen des Mont-Blanc-Massivs andererseits – und tiefblauem See. Genf liegt an der Südwestspitze des „Lac Léman", dort, wo die Rhône den See verlässt.

Charakter der Stadt

Die Hauptstadt des westschweizerischen Kantons Genf/Genève ist mit rund 202.000 Einwohnern (Stadtkanton knapp 494.000) nach Zürich die **zweitgrößte Stadt der Schweiz** und der Kanton der am zweitdichtesten besiedelte der Eidgenossenschaft nach Basel-Stadt. Der gesamte Kanton bedeckt 282 km² Fläche, die Stadt selbst umfasst knapp 16 km² und liegt 374 m über NN. Der Kanton bildet die südwestliche Ecke der Schweiz und wird fast komplett von Frankreich umgeben: Etwa 110 km bilden die Grenze zu den französischen Départements Ain und Haute-Savoie, nur etwas mehr als 4 km verbinden ihn mit dem Rest der Schweiz (Kanton Waadt/Vaud).

Die **Altstadt** oder Oberstadt Genfs befindet sich auf einem Hügel am südlichen Seeufer. Dieser bildete seit prähistorischer Zeit einen von See, Rhône und Arve sowie im Osten durch Gräben geschützten natürlichen Zufluchtsort. Nach dem Abriss der Befestigungen (1850–1880) dehnte sich die Stadt sternförmig aus und 1930 wurden die Vororte Eaux-Vives, Le Petit-Saconnex und Plainpalais eingemeindet. Das Stadtgebiet erstreckt sich am südwestlichen Teil des Genfer Sees, wobei die **Rhône,** die hier den See in Richtung Mittelmeer verlässt, die Stadt zweiteilt. Die **Arve,** der zweite Fluss auf Genfer Stadtgebiet, mündet westlich der Innenstadt in die Rhône.

Stadt und Kanton Genf liegen im sogenannten **Genfer Becken** *(cuvette genevoise),* das sich hier an der Südwestspitze des Genfer Sees gebildet hat. Ringsum bietet sich ein **spektakuläres Bergpanorama:** Im Nordwesten der eher hügelige französische Jura, im Osten und Südosten die mächtigen, schneebedeckten Gipfel der Savoyer Alpen und des Mont-Blanc-Massivs.

▷ Blick vom Kathedralturm auf Altstadt und La Rade (s. S. 30)

◁ Vorseite: Das Reformationsdenkmal im Parc des Bastions 37

Auch was das Klima sowie Flora und Fauna angeht, ist Genf anders. Mit Durchschnittstemperaturen von 3 °C im Winter und 18 °C im Sommer verfügt es über ein **angenehm moderates Klima** und ähnelt damit eher einer mediterranen Stadt in Südfrankreich als einer typischen Schweizer Stadt.

Den **Genfersee** oder auch *Lac de Genève* – im Deutschen ist auch die getrennte Schreibweise „Genfer See" gebräuchlich – nennen die Genfer **„Lac Léman"**. Dieser Name geht auf die Römer zurück: Die ganze Region hieß in der Antike nämlich *Lemanus* oder *Lemannus* und der See *Lacus lemanus* nach dem keltischen Wort für „großes Wasser".

Mit seinen 73 km Länge und 13 km größter Breite ist der sichelförmige Genfer See nicht nur größer als der Bodensee, er ist nach dem Plattensee (Ungarn) sogar der **zweitgrößte See Mitteleuropas.** Von seinen etwa 580 km² Fläche gehört der größte Teil, rund 350 km², zur Schweiz (Kantone Genf, Waadt und Wallis), Teile am Südufer dagegen zu Frankreich (Haute-Savoie). Neben Genf liegen noch weitere bekannte Schweizer Städte am See: Lausanne, Montreux und Vevey. Bekanntester französischer Ort am See ist Evian, woher auch das berühmte Mineralwasser kommt.

„Smoke on the Water"

Mit diesem gleichnamigen Hit hat die legendäre Rockband Deep Purple dem Genfer See 1972 ein musikalisches Denkmal gesetzt. Ein Jahr zuvor hatte während eines Konzerts von Frank Zappa and The Mothers of Invention beim Jazz Festival in Montreux, am Ostende des Sees, ein Fan aus Versehen ein Casino in Brand gesetzt. Die über den See ziehenden Rauchschwaden animierten Deep Purple zu ihrem Hit.

Im Laufe der Erdgeschichte hat sich der See immer tiefer eingegraben, heute liegt er auf etwa 370 m über NN. An seiner tiefsten Stelle misst man 310 m, der Wasserinhalt liegt bei 89 km³, damit ist er einer der was-

126ge Abb.: mb

127ge Abb.: mb

serreichsten Seen Europas. Hauptzufluss ist die Rhône, die bei Genf den See verlässt, um rund 500 km südlich bei Port-Saint-Louis-du-Rhône ins Mittelmeer zu münden. Der Fluss hat diesen Westteil des Seeufers im Laufe der Zeit durch Ablagerungen verändert, sodass mancher Ort, der einst am Ufer lag, heute kilometerweit vom See entfernt ist.

Die Fischerei – meist Barsch und Egli – spielt heute keine große Rolle mehr, dafür gilt der Genfer See heute als **Segelparadies.** Ein besonderes Phänomen ist das sogenannte „Seichen". Dabei kann sich der Wasserspiegel des Sees innerhalb einer halben Stunde zwischen einem halben bis zu eineinhalb Metern heben oder senken. Diese „Ebbe und Flut im Miniaturformat" führt man auf Luftdruckschwankungen besonders nach Stürmen zurück.

Genfs Name – offiziell spricht man in der französischen Westschweiz von Genève – soll sich von den keltischen Wörtern „gen" (Mund) und „ava" (Wasser) ableiten. Auch wenn Genf, was Sprache, Küche, Gebräuche, Mentalität und Architektur angeht, durch und durch französisch ist, bilden die *Genevois,* die Genfer, ein **buntes Völkergemisch.** Im Kanton und der Stadt Genf liegt der Ausländeranteil bei über 40 % (zwei Drittel aus europäischen Ländern) und man spricht von mehr als 190 Nationalitäten, die hier versammelt sind und Genf den Hauch einer Weltstadt verleihen. Dennoch oder gerade wegen der vielen Ethnien kennt Genf jedoch kein Ausländerproblem.

Amtssprache ist Französisch und drei Viertel der Bevölkerung sprechen es. Für die Genfer zählen sogar die nicht französisch sprechenden Restschweizer als „Innere Ausländer". Deutsch wird selten und ungern gesprochen, während aufgrund des internationalen Publikums Englisch häufiger zu hören und auf Beschilderungen zu finden ist.

Genf ist eine **internationale Stadt**, allein schon durch die Präsenz der UNO und anderer Institutionen, Botschaften und Firmen, die hier ihren Sitz haben – an die 200 internationale Regierungs- und Nichtregierungsorganisationen unterhalten hier Büros –, aber auch aufgrund seiner historischen Rolle als Ort, an dem Flüchtlinge (vor allem Religionsflüchtlinge) Zuflucht fanden. Kurioserweise sind in jener Stadt, die einmal das **„Protestantische Rom"** (s. S. 93) genannt wurde, heute gut ein Drittel konfessionslos, derselbe Anteil katholisch und lediglich zwischen 10 und 16 % reformierter Konfession.

Genfs unübersehbares Wahrzeichen ist der Jet d'eau, jene 140 m hohe Wasserfontäne am Hafen La Rade, und legendär ist die berühmte Blumenuhr *(Horloge Fleurie)* im Jardin anglais. Beide sind wie die gesamte Stadt zum See hin orientiert. Rund um das Ufer ziehen sich Promenaden, reihen sich illustre **Parks** mit Villen und Schlössern in prominenter Lage auf. Die meisten sind öffentlich zugänglich und extrem gepflegt, gehen doch in Genf französisches *laissez faire* und Schweizerischer Ordnungssinn und Sauberkeit eine angenehme Symbiose ein.

In den südlichen **Vororten** von Genf leben die Beamten und Angestellten, hoch über dem Seeufer mit seinen traumhaften Ausblicken, wie in Cologny, hingegen die Wohlhabenden, die Prominenten und Stars, alteingesessene Familien, Politiker und andere Persönlichkeiten, die nicht unbedingt aus Genf oder der Schweiz stammen müssen. Über 40 Gemeinden gehören zum Stadtkanton und einige davon sind sehr ländlich geblieben, bilden **„la campagne", das Hinterland,** das über die französische Grenze hinausreicht. Dort herrschen Landwirtschaft und Weinbau vor – und dort sind Lebenshaltungskosten und Wohnungen preiswerter.

Die Blumenuhr („Horloge Fleurie") im Jardin anglais ist eines der Wahrzeichen von Genf

Lage und Stadtviertel

Historisch gesehen bildet die erhöht am Südufer gelegene **Altstadt**, die *Vielle Ville* um die Cathédrale, das Rathaus und die Place du Bourg-de-Four, das Herz Genfs. Dabei gehörten seit jeher die *Île*, die **Rhôneinsel**, und **Saint-Gervais** am nördlichen Rhôneufer zur Stadt dazu und waren in die Ummauerung einbezogen. Rings um diesen alten Kern haben sich diesseits und jenseits der Rhône und entlang dem Seeufer moderne Viertel entwickelt.

Dabei war der **Anschluss des Kantons an die Schweiz** zu Beginn des 19. Jh. ein wichtiger Einschnitt für die Stadtentwicklung. Dieser markierte eine Phase des Friedens und der Ruhe und so konnte ab 1850 die alte Stadtmauer abgerissen werden, um Platz für neue Wohn- und Industrieviertel um den alten Stadtkern zu schaffen. Ein zweiter Ring an Wohnarealen entstand mit der Eingemeindung stadtnaher Regionen und einem neuerlichen Bauboom in den 1920er-Jahren.

Genf besteht verwaltungstechnisch aus **Vierteln oder Stadtteilen.** Den Kern bildet Centre/Plainpalais/Acacias, das die Altstadt einschließt und sich vom Ausfluss der Rhône und vom Jardin anglais über den zentralen Platz Plainpalais bis zur Arve erstreckt. Dieses **Zentrum** ist zwar nicht allzu groß, verfügt jedoch über beachtliche historische Bausubstanz: die romanische Kathedrale St.-Pierre und die Kirchen La Madeleine, St.-Germain, St.-Gervais, das Rathaus und Bürgerhäuser aus dem 13. bis 18. Jh. sowie die Universität. Zum Seeufer (und dem Jardin anglais) hin verlaufen die **„Rues Basses"**, die mondänen Einkaufsstraßen der Stadt.

Im Osten, entlang der Rive Gauche, dem linken Seeufer, folgt das Viertel Eaux-Vives, südlich davon und südöstlich des Zentrums als drittes Stadtviertel Champel. Westlich des Zentrums, um die Arve und deren Mündung in die Rhône, erstreckt sich Jonction. Gegenüber, am nördlichen Rhôneufer, liegen Saint-Jean/Charmilles und näher am See Grottes und **Saint-Gervais.** Letzteres gehört nach neuen Grabungen zu den ältesten Stadtteilen Genfs und heute pulsiert hier aufgrund des Hauptbahnhofs das moderne Leben. Dahinter breitet sich in nordwestlicher Richtung – zum Flughafen hin – Servette/Petit-Saconnex aus.

Das letzte Viertel der Stadt liegt an der Rive Droite, am rechten oder nordwestlichen Seeufer, und heißt „Pâquis/Nations". Während Pâquis als Nightspot beliebt ist und am See Promenade und Parks lohnen, sind in Nations – wie der Name schon andeutet – die Vereinten Nationen zu Hause.

Zu den **besuchenswerten Gemeinden im Umfeld** der Stadt gehören Carouge im Süden jenseits der Arve und direkt an das Zentrum anschließend sowie der an der Rive Gauche und östlich von Eaux-Vives gelegene Nobelvorort Cologny.

Genfs Wappen

Das Wappen des Kantons ist längs geteilt: Auf der linken Seite befindet sich ein schwarzer Adler mit roter Krone auf gelbem Grund. Er verkörpert das Emblem des Heiligen Römischen Reiches deutscher Nation, dem Genf als freie Reichsstadt lange angehörte.

Die rechte Seite des Wappens ziert ein gelber Schlüssel auf rotem Grund, das Symbol des Apostels Petrus. Genfs Wappen ist keine Erfindung aus den Jahren nach dem Anschluss an die Eidgenossenschaft 1814/15, vielmehr liegen schon in zwei Büchern aus dem Jahr 1451 Darstellungen davon vor.

038ge Abb.

Von den Anfängen bis zur Gegenwart

Die Geschichte Genfs umfasst etwa 5000 Jahre. Es war der legendäre Julius Caesar, der die Stadt erstmals namentlich erwähnte: In seinem jedem Lateinschüler bekannten Werk „De Bello Gallico" taucht der Name „Genava" für die Ansiedlung an einer strategisch wichtigen Brücke über die Rhône erstmals auf.

Aufstieg zur Weltmetropole

Erst über 1500 Jahre später trat Genf erneut ins Rampenlicht der Weltgeschichte: 1536 fand der aus Paris geflohene Theologe **Jean Calvin** (1509–1565) in Genf eine neue Heimat. Seine Ideen fielen hier auf fruchtbaren Boden und die **Reformation** machte Genf zu einem bedeutenden protestantischen Zentrum. Religionsflüchtlinge – im 16. und 17. Jh. vor allem Hugenotten aus Frankreich – fanden hier Asyl und verhalfen Genf zu Ruf und Ansehen. Sie begründeten Handwerke wie die Papierherstellung oder den Buchdruck, gründeten die Universität und trugen dazu bei, dass die Stadt zur „plus petite des grandes capitales", zur „kleinsten Großstadt der Welt", zu „Klein-Paris" wurde.

Hätte man vom 16. Jh. an ein „Gästebuch" geführt, wäre die Liste an Schriftstellern und anderen **Persönlichkeiten**, die die Stadt besuchten und sich hier wohl fühlten, lang: Goethe, Chateaubriand, Lord Byron, Dostojewski, Musil, Voltaire, Le Corbusier, Liszt, Sissi oder Colette – alle waren von der Stadt am Genfer See begeistert. **Casanova** behauptete in seinen Memoiren, in Genf besonders gut genächtigt zu haben – sicher leistete ihm dabei die eine oder andere Genfer Dame im August 1760 Gesellschaft. **Ferdinand Hodler**, ein berühmter Schweizer Maler, fand die Stadt und ihre Lage so berauschend, dass er gar nicht mehr wegzog und den Lac Léman als bevorzugtes Bildmotiv verwendete. Der Philosoph und Schriftsteller **Jean-Jacques Rousseau** (1712–1778) wurde nicht nur hier geboren, er nannte sich öffentlich stolz „Citoyen de Genève".

Immer wieder hatte Frankreich ein Auge auf die selbstbewusste und unabhängige Stadt geworfen. 1798 gelang es Napoleon, Genf zu annektieren und zum Sitz des französischen *Département du Léman* zu machen. Erst 1813 wurde Genf wieder unabhängig und 1814 stimmte schließlich die Eidgenossenschaft dem Beitritt Genfs zu.

Erneut für Furore sorgte 1863 der Genfer **Henri Dunant**, indem er das „Internationale Hilfskomitee für Kriegsverletzte", das heutige **„Rote Kreuz"** gründete. Kein Wunder, dass US-Präsident Woodrow Wilson nach dem Ersten Weltkrieg gerade diese Stadt 1919 als Sitz des Völkerbundes – ein Vorläufer der UNO – wählte und auch nach **Gründung der Vereinten Nationen** Genf als zweitwichtigster Sitz nach New York für die Diplomatie bedeutend blieb.

So war also aus einem kleinen Fischerdorf am Genfer See über die Jahrhunderte hinweg eine **ethnisch vielfältige und dennoch bodenständige Weltmetropole**, ein Hort von Freiheit und Toleranz mit kosmopolitischem Gepräge geworden. Genf beherbergt heute zahlreiche öffentliche und private kulturelle Einrichtungen (Universität, Museen, Bibliotheken) und ist das regionale Zentrum einer grenzüberschreitenden Zusammenarbeit zwischen Schweiz und Frankreich in den Bereichen Gesundheit, Bildung, Kultur und Verkehr.

Geschichtlicher Überblick

3000 bis 2500 v. Chr. Erste Besiedelungsspuren am Seeufer sind nachzuweisen. Spuren einer Pfahlbausiedlung finden sich im heutigen Hafenbereich.

Um 500 v. Chr. Der keltische Volksstamm der Allobroger errichtet auf dem Hügel, auf dem sich heute die Altstadt befindet, ein oppidum (Stadt).

120 v. Chr. Die keltische Ortschaft gerät unter römische Vorherrschaft.

58 v. Chr. Julius Caesar lässt die Rhônebrücke zerstören, um einen Vorstoß der Helvetier nach Gallien aufzuhalten.

52 v. Chr. In seinem Rechenschaftsbericht „De Bello Gallico" erwähnt Caesar in diesem Zusammenhang erstmals den Ort Genava.

1. Jh. v. Chr. Aus dem kleinen römischen vicus (Dorf) entwickelt sich eine bedeutende Stadt, die Civitas Gevanensium.

Kurz vor 400 n. Chr. Genf wird zur Bischofsstadt und tritt damit ins christliche Mittelalter ein.

443 n. Chr. Die Burgunder dringen in die Region ein und Genf wird Teil und wichtige Stadt des Burgunderreichs.

534 Franken erobern die Region und Genf.

887–1032 Genf gehört wieder zum Burgunderreich. Mit diesem fällt es schließlich an das Heilige Römische Reich deutscher Nation. Die Stadt untersteht jedoch nie dirckt den Fürsten, sondern wird bis zur Reformation von Bischöfen und Adeligen regiert und behält den Status als freie Reichsstadt.

1160 Baubeginn der Cathédrale de Saint-Pierre.

1387 Die Genfer Bürger erhalten vom Bischof das Selbstverwaltungsrecht zugestanden.

1526 Bern, Fribourg und Genf gründen einen Städtebund.

1534–1798 Genf ist unabhängige Stadtrepublik.

1536 Flucht Jean Calvins von Paris nach Genf. Mithilfe des Genfer Reformators Guillaume Farel (1489–1565), der schon 1532 die neue Lehre vertrat, bestimmt Calvin – besonders ab 1541, nach der Rückkehr aus einer dreijährigen Verbannung– die politischen und religiösen Geschicke der Stadt.

1559 Calvin gründet die Genfer Akademie (die heutige Universität) als Ausbildungsstätte für reformierte Theologen.

Ab 1550 Verfolgte Protestanten aus anderen Ländern flüchten nach Genf. Sie tragen zu wirtschaftlicher Blüte und weltweitem Handel bei. Genf entwickelt sich zum „protestantischen Rom" und die calvinistischen und reformatorischen Ideen werden in alle Welt hinausgetragen.

1584 Gründung des Städtebunds Bern, Genf und Zürich.

1602 Die Savoyer versuchen erneut, Genf zu erobern. Die Truppen von Herzog Karl Emanuel I. scheitern in der Nacht vom 11. auf den 12. Dezember 1602 beim Sturm auf die Stadtmauer. Bern und Fribourg sind den Genfern zu Hilfe geeilt. Seitdem feiern die Genfer diesen Sieg und damit auch ihre Unabhängigkeit mit dem historischen Fest „Escalade" (s. Exkurs S. 86).

1685 Das Edikt von Nantes von König Louis XIV. macht der Religionsfreiheit in Frankreich ein Ende. Eine zweite Flüchtlingswelle erreicht Genf.

⊡ Calvin bestimmte im 16. Jh. die politischen und religiösen Geschicke der Stadt

17. und 18. Jh. Die Flüchtlinge – Händler, Bankiers, Uhrmacher und Goldschmiede – sorgen dafür, dass Genf einen Aufschwung erlebt. Viele Bankiers machen auch im Ausland Karriere: Jacques Necker ist unter Louis XVI. Finanzdirektor und Albert Gallatin (1761–1849) erster Secretary of the Treasury der jungen USA.

1712 Der Philosoph und Schriftsteller Jean-Jacques Rousseau erblickt in Genf das Licht der Welt. Voltaire hält sich 1758–1778 in Genf auf und auch andere Wissenschaftler und kluge Köpfe zieht es in die Stadt.

1792 Abschaffung des Ancien Régime infolge der Genfer Revolution, doch 1798 Annexion der Republik durch Frankreich (unter Napoleon). Bis 1813 ist Genf die Hauptstadt des französischen Département du Léman.

12. September 1814 Der Schweizer Bundestag stimmt dem Beitritt Genfs in die Eidgenossenschaft zu, die Vertragsunterzeichnung erfolgt am 19. Mai 1815. Genf ist nun offiziell Schweizer Kanton.

1846 Unter James Fazy kommt es zu einer Revolte gegen das Restaurationsregime. Daraufhin gibt sich der Kanton Genf eine neue, bis heute gültige Verfassung.

Ab 1850 Ausbau der Stadt, Abriss der alten Stadtmauern und konfessionelle Öffnung nach außen, vor allem seit der verfassungsrechtlichen Trennung von Staat und Kirche im Jahr 1907. Flüchtlinge aus ganz Europa (darunter Lenin) finden im Laufe des späten 19. Jahrhunderts in Genf Asyl und internationale Organisationen beginnen, sich in der Stadt anzusiedeln.

1864 Henri Dunant, Guillaume-Henri Dufour und Gustave Moynier gründen das „Internationale Komitee für Kriegsverletzte", das heutige „Internationale Komitee vom Roten Kreuz" (IKRK).

1879 Eröffnung des Grand Théâtre (Opernhaus)

037ge Abb.: mb

1891 Das Wahrzeichen Genfs, der Jet d'eau, entsteht. Das ursprüngliche Überdruckventil der Wasserwerke wird erst 1947 mit einer Pumpe ausgestattet, die 500 l Wasser pro Sekunde in 140 m Höhe spritzen lässt.

1898 Die Habsburger Kaiserin Elisabeth von Österreich-Ungarn („Sissi") wird auf der Genfer Hafenpromenade von dem italienischen Anarchisten Luigi Lucheni mit einer zugespitzten Feile oder einem Stilett verletzt und stirbt kurz darauf in ihrem Zimmer im Hotel Beau-Rivage.

1919 Nach dem Ersten Weltkrieg wird Genf Sitz des von US-Präsident Woodrow Wilson initiierten Völkerbunds, der als Vorläufer der UNO gilt.

1920 Eröffnung des Flughafens.

1924 Erste Internationale Automobilmesse.

1930 Durch einen Volksentscheid werden die Stadt Genf und ihre Vorortgemeinden zusammengelegt.

1949 Nach Gründung der Vereinten Nationen in San Francisco und Einrichtung des Hauptsitzes in New York wird Genf europäischer Sitz der UNO. In der Folge ziehen mehr und mehr internationale Organisationen in das Umfeld der UNO. Auch unabhängige Vereinigungen wie der Ökumenische Rat der Kirchen wählen Genf als Standort.

1953 Die international renommierte Forschungsstätte CERN 50 (Kernphysik) lässt sich in Genf nieder.

1987 Der ehemalige Ministerpräsident von Schleswig-Holstein, Uwe Barschel, wird im Hotel Beau-Rivage tot in der Badewanne aufgefunden.

16. März 2003 Einweihung des Fussballstadions Stade de Genève 47 im Vorort Lancy

2003 und 2007 Die Segeljacht des Genfer Unternehmers Ernesto Bertarelli (Serono International AG) gewinnt die berühmteste Segeltrophäe der Welt, den America's Cup, und macht das Binnenland Schweiz so zu einer Segelhochburg.

Juni 2008 Genf ist einer der Austragungsorte der Fußballeuropameisterschaften in Österreich und der Schweiz.

2013 bis 2015 Die Stadt feiert ihren Betritt zum Schweizer Bund vor 200 Jahren mit verschiedenen Events.

16. März 2016 200-Jahrfeier zur Verabschiedung des Vertrags von Turin, der den Anschluss vieler Gebiete, u. a. von Carouge, an den Kanton Genf regelte.

2019 Wiedereröffnung des neu renovierten Grand Théâtre de Genève 35

Ein Mosaik im L'Ancien Arsenal (s. S. 19) zeigt Julius Caesars Ankunft in Genf

Leben in der Stadt

Der Kanton Genf

Genf (ca. 202.000 Einwohner) ist Hauptstadt des westschweizerischen, gleichnamigen Kantons Genf, kurz „GE", und dieser ist wiederum seit 1815 einer der 26 Schweizer Kantone. Er zählt damit zwar zu den jüngeren, rangiert jedoch, was den Wohlstand der Bevölkerung, Finanzen und Wirtschaft angeht, im oberen Drittel.

Der „Stadtkanton" mit rund 494.000 Einwohnern besteht aus **45 Gemeinden** *(communes)*. Dazu gehören die Stadt Genf – *Genève-Ville* – sowie Lancy (31.800 Einwohner), Cologny (5.500 Einwohner) oder Carouge (22.200 Einwohner) als touristisch interessanteste Kommunen. Insgesamt gibt es im Kanton neun selbstständige Städte. In ihnen allein leben über 350.000 Menschen und damit knapp 80 % der Gesamtbevölkerung des Kantons.

Geografisch gesehen ist der Kanton eine **Enklave:** Nur gut 4 km Grenze verbinden Genf mit dem Rest der Eidgenossenschaft, über 100 km Grenze sind es jedoch zu Frankreich. Schweizer Nachbar ist der Kanton Waadt/Vaud. Auf dessen Kantonsgebiet liegen um die Ortschaft Céligny zwei kleine Enklaven, die zu Genf gehören, ebenso wie ein 38 km² großer Teil des Genfer Sees, der „Kleine See" genannt.

Die geografische Randlage des Schweizer Kantons Genfs hat auch ihr Gutes: Sie macht Genf zu einer **länderübergreifenden Schnittstelle** im Zentrum Westeuropas. So ist die Stadt nur eine Flugstunde von Paris und Mailand und weniger als zwei Flugstunden von London, Rom oder Madrid entfernt.

Genf verfügt über den zweitgrößten Schweizer Flughafen nach Zürich-Kloten, den **Genève Aéroport** in Cointrin, und ist nicht nur an das hervorragende Schweizer Bahnnetz angeschlossen, sondern auch an das französische Hochgeschwindigkeitsbahnnetz TGV. Die Stadt liegt schließlich auch an der internationalen Autobahnroute zwischen der Schweizer Hauptstadt Bern und der französischen Metropole Lyon. Auch der regionale, grenzübergreifende öffentliche Nahverkehr – vor allem Straßenbahnen – spielt eine Rolle.

Stadt des Friedens, der Integration und des Umweltschutzes

Die **Regierung** des Kantons Genf besteht aus dem *Conseil d'État,* dem Staatsrat, der die Exekutive bildet und aus sieben Mitgliedern besteht, die einzelne Départements oder Ressorts vertreten und damit die Kantonsverwaltung bilden. Die Stadt Genf selbst wird von fünf Räten verwaltet. Der *Grand Conseil,* die Legislative, besteht aus 100 Abgeordneten, die auf vier Jahre gewählt werden. Der Rat dient als gesetzgebende Gewalt, während die *Pouvoir Judiciaire,* zu der auch der *Cour des comptes* (Rechnungshof) gehört, die dritte Säule des Staatswesens bildet, die Jurisdiktion.

Genf genießt einen historischen Ruf als **Zufluchtsstätte von Flüchtlingen** aus aller Welt. Im Laufe der Jahrhunderte schwappten immer wieder Wellen über, die wesentlich zur industriellen und kulturellen Entwicklung der Stadt beitrugen: Druckerei, Uhrmacherkunst oder Seidenindustrie sind vor allem den Immigranten zu verdanken. Heute nennt sich Genf stolz „Melting Pot", ist sie die Schweizer Stadt mit dem höchsten Ausländeranteil: Über 40 % sollen es sein, wobei 190 Nationalitäten vertreten sind.

Seit 1863 Henri Dunant mit Genfer Freunden das Internationale Komitee vom Roten Kreuz ins Leben gerufen hatte, war Genf als die „Stadt des Friedens und der Integration" bekannt. **Fast 350 internationale Regierungs- und Nichtregierungsorganisationen** (NGOs) haben ihre Niederlassungen hier eingerichtet, darunter das Büro der Vereinten Nationen (UNO), die Konferenz der Vereinten Nationen über Handel und Entwicklung (UNCTAD), die Internationale Arbeitsorganisation (IAO), die Weltgesundheitsorganisation (WHO) und das Hochkommissariat für Flüchtlinge (UNHCR). Die wichtige Rolle Genfs als Hauptstadt des Welthandels manifestiert sich in der Welthandelsorganisation (WTO). Da die Internationale Standardisierungsorganisation (ISO), die Internationale Fernmeldeunion (UIT) und die Weltorganisation für intellektuelles Eigentum (WIPO) in Genf niedergelassen sind, gilt die Stadt zugleich als Zentrale für technische Normung und Urheberrechte.

Derzeit macht Genf auch in Sachen **Umweltschutz** Schlagzeilen und das nicht nur deshalb, weil Genf als eine der am wenigsten unter Umweltverschmutzung leidenden Städte Europas gilt. Die Stadt kann stolz auf über 310 ha Parkland im Stadtgebiet sowie auf den einwandfreien Zustand der Strände und die hohe Wasserqualität im Genfer See verweisen. Und Genf ist Sitz des Intergovernmental Panel on Climate Change, kurz IPCC, des UNO-Klimarates, der für seine regelmäßigen Klimareporte 2007 zusammen mit Al Gore den Friedensnobelpreis erhielt.

Tourismus und Wirtschaft

Dass Genf eine wichtige Konferenz- und Kongressstadt ist, macht sich im **Fremdenverkehr** bemerkbar. Wegen der hier zahlreich ansässigen *Organisations Internationales Gouvernementales* (OIG) kommen etwa drei Viertel aller Besucher Genfs zu offiziellen, d. h. beruflichen Zwecken. Nach Zürich ist Genf das wohl beliebteste Städteziel der Schweiz.

Die beiden **Hauptstandbeine der Wirtschaft** sind, was den Anteil am Gesamtumsatz betrifft, jedoch noch immer die **Banken** und die **Uhrenherstellung**. Dazu kommen die Geschmacks- und Duftstoff-Industrie (für die Parfümherstellung), der Großhandels- und Dienstleistungssektor sowie die chemische Industrie als weitere wichtige Wirtschaftsfaktoren. Die Uhrenindustrie hat in Genf eine lange Tradition, einst getragen von Religionsflüchtlingen aus Frankreich und Italien. Gerade in Genf wurden auf diesem Gebiet viele wegweisende Erfindungen gemacht und große Firmen gegründet: Baume & Mercier und Piaget (beide produzieren heute im Ausland), Rolex und Roger Dubuis, Patek Philippe und Franck Muller sind große in Genf ansässige Uhrenfirmen. Der Salon International de la Haute Horlogerie im Januar und der Grand Prix d'Horlogerie belegen jeden November die Bedeutung dieses Industriezweigs.

Im Zusammenhang mit der Uhrmacherkunst steht die **Emaille- und Fayencekunst**, denn früher war eine Uhr nicht nur ein Zeitmesser, sondern kunstvolles Schmuckstück. Porzellanfigürchen von Liotard hielten Standuhren und in Carouge befand sich eine bedeutende Fayence-Werkstätte, 1803 von Louis Herpin ins Leben gerufen. Ihre Erzeugnisse sind heute im Musée de Carouge (s. S. 60) oder Musée Ariana ⓸⓷ zu bewundern.

Um beim **Kunsthandwerk** zu bleiben: Auch die Stofffabrikation hat in Genf Tradition. Bekannteste Firma war Fazy (Bergues), die 1785 mit 2000 Arbeitern gegründet wurde. Außerdem gibt es alteingesessene, angesehene Töpfereien, viele davon in Carouge. Insbesondere im Segment der Holzarbeiten (Baudetails, Holzlöffel u. a.) haben sich Genfer Kunsthandwerker besonders hervorgetan.

Derzeit soll es in Genf **um die 120 Bankniederlassungen** geben, darunter über 50 internationale und fünf Privatbanken wie die Banque Bordier, Lombard Odier oder Pictet & Cie. Große Weltbanken wie Crédit Suisse oder UBS zeigen sich spendabel und sponsern besonders gern im Kulturbereich (z. B. Grand Théâtre) oder im Sportbereich (Alinghi).

Zino Davidoff, geboren 1906 in Novgorod-Severski (Ukraine), gestorben 1994 in Genf, baute hier den von seinem Vater gegründeten Zigarettenladen zu dem heute bekannten internationalen Tabakimperium aus. 1911 war die Familie vor Pogromen nach Genf geflüchtet.

Die **Landwirtschaft** ist in den letzten Jahrzehnten rückläufig und abgesehen von Gemüseanbau (Tomaten, Linsen u. a.) spielt vor allem der Weinbau im Genfer Umland eine größere Rolle: An die 1400 ha Weinflächen soll es geben und damit steht der Kanton Genf an dritter Stelle nach Wallis und Waadt in der Weinproduktion in der Schweiz. Das kantonseigene „Staatsgut" *Le Domaine de la République et Canton de Genève* umfasst rund 6 ha, auf denen mit vielerlei Rebsorten experimentiert wird (s. S. 54).

039ge Abb.: mb

In Genf ist man sehr auf den Umweltschutz bedacht

Genf steht, was den Weinbau angeht, in der Schweiz ganz oben

Comicszene in Genf

Dank berühmter Helden wie Tintin oder Spirou ist Belgien als Comic-Hochburg ebenso weltbekannt wie die USA mit Figuren à la Superman, Snoopy, Charlie Brown oder Mickey Mouse & Co. Japans Mangas sind seit einiger Zeit in aller Munde, Deutschland erfreut sich einer regen Comicszene - doch die Schweiz?

Gerade in Genf gibt es eine ***Tradition an Comiczeichnern,*** *die Szene ist innovativ und lebhaft.* ***Bande dessinée,*** *kurz „BD" oder auch „bédé", werden hier die Comicstrips genannt, jene Bildfolgen, die ursprünglich in die Ecke „Kinder- und Jugendunterhaltung" geschoben wurden, in zunehmendem Maße jedoch als künstlerisches Ausdrucksmittel und als Teil der Literatur anerkannt werden.*

Als „Vater" der Genfer und Schweizer Szene gilt ***Rodolphe Toepffer*** *(1799-1846), Sohn eines Malers, der ein großes Œeuvre hinterließ, obwohl er nur 47 Jahre alt wurde. Außer seinen Comicbänden sind Essays, zwei Romane und Balladen überliefert, berühmt wurde er durch Alben wie „Les Amours de monsieur Vieux-Bois" (1837), „Histoire de monsieur Jabot" (1833), „Histoire d'Albert" (1845). Diese gezeichneten Kurzgeschichten gelten mit ihren knappen Strichen und kurzen Texten als Vorläufer der heutigen Comics.*

Leider ging die Tradition Toepffers aufgrund der Importe aus Belgien und USA allmählich verloren. Erst in den 1970er-Jahren betraten wieder Zeichner wie Gérald Poussin, Daniel Ceppi, Pascal Habegger (genannt „Ab'Aigre") oder „Exem" die Bühne. Der 1946 in Carouge geborene Poussin kam vom Trickfilm und brachte dann Comicbände heraus. Bekannt wurden „Les aventures de Buddy et Flappo" (1983), doch er machte sich auch als Buchillustrator, Maler, Bildhauer und Designer von (u. a. Swatch-) Uhren und Kostümen bekannt. Zuletzt wurde er als Graffitikünstler gefeiert, der sich u. a. am Genfer Flughafen verewigte.

Ceppi wurde mit Serien wie „Stéphane Clément, chroniques d'un voyageur" und „Confidentiel" bekannt. Magische Motive und exotische Schauplätze sind Kennzeichen der „bédé" von Ab'Aigre. Emmanuel Excoffier hingegen, kurz „Exem", begann seine Karriere 1983 mit Postern, ehe er sich durch Cartoons wie „Zinzin, Maître du Monde", einer Parodie auf die Tim-und-Struppi-Serie, berühmt wurde.

Derzeit ***angesagte Zeichner*** *aus Genf sind z. B. „Buche" (Eric Buchschacher), Tom Tirabosco, Albertine, Frederik Peeter, Pierre Wasem alias Wazem oder Zep (Philippe Chappuis, geboren in Carouge und berühmt geworden mit „Titeuf", den Abenteuern eines verschmitzten Jungen), die vielfach zugleich in Werbung und Trickfilm tätig sind. Verlage wie Atrabile, Drozophile oder B.ü.L.b. veröffentlich(t)en ihre Alben und verbreite(te)n sie in aller Welt. Ein besonderer Tipp für Comic-Freunde ist das* ***IBIS Styles Hotel in Carouge,*** *wo jedes Stockwerk von einem Genfer Comiczeichner gestaltet wurde* *(s. S. 116).* *Infos im Internet:*

- *Comicmagazine: Nebelspalter www.nebelspalter.ch*
- *Plattform für die Westschweizer Comicszene: www.papiers-gras.com*
- *Eine Auswahl an Comic-Geschäften findet sich im Kapitel Bücher und Musik* *(s. S. 78).*

PRAKTISCHE REISETIPPS

085ge Abb.:mb

An- und Rückreise

Mit dem Auto

Die für die Schweiz nötige **Autobahnvignette** kostet CHF 40, beim ADAC 35,75 €. Es gibt sie in Poststellen, an Tankstellen oder beim Schweizer Automobilclub TCS.

Die Schweizer Autobahn A1 führt von der Grenzstadt St. Margrethen am Bodensee durch die Zentralschweiz (Zürich/Bern) und Lausanne nach Genf. Von Basel erreicht man die A1 über die A3, von Schaffhausen über die A4 und von Kreuzlingen über die A7.

Mit der Bahn

Mehrere ICE- und EC-Linien verbinden Deutschland und die Schweiz ab 39,90 € mit dem „Europa-Spezial Schweiz". Daneben werden diverse andere **Specials** angeboten und es gibt Nachtzüge (Infos unter www.bahn.de bzw. www.nightjet.com).

Die Schweizer Bahnen SBB (www.sbb.ch) bieten ebenfalls eine breite Palette an günstigen Spezialtickets an (www.swiss-pass.ch), z. B. den **Swiss Travel Pass** (für unterschiedliche Dauer zwischen 3 und 15 Tagen), den **Swiss Travel Pass Flex** (für eine bestimmte Zahl von Reisetagen pro Monat) oder das **Swiss Transfer Ticket** (von der Schweizer Grenze zum Reiseziel und zurück). Kinder zahlen im Allgemeinen 50 % des Preises – Kleinkinder fahren kostenlos.

Der kleine **Genfer Hauptbahnhof**, der **Gare de Cornavin** [J7] (www.sbb.ch/de/bahnhof-services/bahnhoefe/bahnhof-genf.html), liegt zentral in der Innenstadt und ist Knotenpunkt zahlreicher Busse und Trambahnen (www.tpg.ch).

› Informationen zum Swiss Travel System gibt es auf www.swiss-pass.ch/de oder www.myswitzerland.com/de-de/swiss-travel-pass.html und kostenfrei unter Tel. 00800 10020029.

Mit dem Flugzeug

Der **Genève Aéroport (GVA)** (www.gva.ch) liegt ca. 5 km im Nordwesten der Stadt im Stadtteil Cointrin [B/C2]. Er ist mit öffentlichen Verkehrsmitteln **gut an die Innenstadt angebunden:** Die Buslinien 5 und 10 (kostenlose Unireso-Tickets an Automaten in der Gepäckausgabehalle) und Bahnen fahren zum Gare de Cornavin, die Züge etwa alle 10 Min. von ca. 5.30–0.20 Uhr, die Busse alle 5 bis 10 Min. von ca. 5 Uhr bis 0.40 Uhr. Außerdem gibt es Gratis-Shuttlebusse, die von der Ankunfts-Ebene zu verschiedenen Hotels in Flughafennähe fahren. Eine Taxifahrt vom Flughafen zum Zentrum kostet zwischen CHF 35 und CHF 45.

Genf wird beispielsweise von der **Fluggesellschaft** easyJet (www.easyjet.com) ab Berlin-Schönefeld und München nonstop bedient, Lufthansa (www.lufthansa.com) fliegt von mehreren deutschen Flughäfen nonstop, Swiss (www.swiss.com) z. B. ab Frankfurt, München und Wien, sonst häufig mit Stopover in Zürich. Wien ist auch durch Austrian Airlines an Genf angebunden (www.austrian.com).

Infos für Touristen gibt es am Informationsschalter in der Ankunftshalle nach der Zollkontrolle.

Autofahren

Genf mit dem eigenen Pkw anzufahren, ist ohne große Probleme möglich. Ab der Grenze bei Basel sind es noch etwa 250 km oder zweieinhalb bis drei Stunden Autobahnfahrt bis Genf. Allerdings ist in der Stadt selber aufgrund des gut ausgebauten Nahverkehrs- und Bahnnetzes und der **großstadttypischen Verkehrsprobleme** (Staus, wenig Parkplätze usw.) ein eigenes Auto, auch ein Mietwagen, eher unnötig.

Eine **Autobahnvignette** für die Schweiz kostet CHF 40, beim ADAC 35,75 € und es gibt sie bei Poststellen, an Tankstellen oder beim Automobilclub TCS. Die **Benzinpreise** in der Schweiz liegen zumeist etwas unter dem deutschen Preisniveau.

Im Unterschied zu anderen Schweizer Städten ist die **Fahrweise in Genf eher südländisch.** Hupen und dichtes Auffahren, unkontrollierte Spurwechsel, Parken auf zweiter Spur und Ähnliches sind üblich und in der Innenstadt von Genf ist das Autofahren daher nicht eben ein Vergnügen. Straßen- und Verkehrsschilder sind zudem alle auf Französisch gehalten.

Mietwagen können am Flughafen und bei den bekannten internationalen Mietwagenfirmen, z. B. bei AVIS (Rue de Lausanne 44, Tel. 022 7319000) oder Hertz (Rue de Berne 60, Tel. 022 7163080), geliehen werden. Wer einen **Strafzettel** erhalten hat, kann das Bußgeld per Einzahlungsschein bei einer Bank oder online begleichen.

Unter www.bussgeldkatalog.org/schweiz findet man weitere Infos. Wer seinen Strafzettel verliert (oder ignoriert), wird angeschrieben.

Wichtige Telefonnummern

- **Pannenhilfe/ Straßenservice TCS:** Tel. 140
- Informationen zum **Straßenzustand** (Sperrungen, Umleitungen, Schneefälle usw.): Tel. 163

Tempolimit

- **innerorts:** 50 km/h, 30 km/h in Wohngebieten
- **außerorts:** 80 km/h
- **Autobahnen:** 120 km/h

Parken

Verstöße sind teuer (ab CHF 40), daher ist es besser, eines der rund um die Uhr geöffneten **Parkhäuser** im Stadtzentrum (4 Std. Parken ca. CH 15, es gibt ein Parkleitsystem) anzufahren, z. B.:

P149 [J6] **Cornavin,** Rue de Montbrillant 36–40
P150 [K9] **Mont-Blanc,** Pont du Mont-Blanc
P151 [H8] **Seujet,** Quai du Seujet

Auf Straßen ist in weiß markierten Zonen Parken zeitlich unbeschränkt möglich, in blauen Zonen darf man Mo.–Sa. maximal 60 Minuten mit Parkscheibe bzw. Parkschein stehen, Parkhäuser sind dank des Parkleitsystems leicht zu finden. In Innenstadthotels muss man fürs Parken mit CHF 20–40 pro Aufenthaltstag rechnen.

Barrierefreies Reisen

Genf ist zwar noch lange nicht komplett barrierefrei, doch es wird einiges getan. Bei der Vorbereitung der Reise helfen folgende Websites weiter:

- www.myswitzerland.com/de-de/behinderung.html
- www.ville-geneve.ch/themes/public/situation-handicap/handicap-culture
- www.wheelchair.ch/fra/gares/gares.html. Infos zur Zugänglichkeit von Zügen, Bahnhöfen und öffentlichem Nahverkehr (Ausflugsschiffe usw.).

- **www.sbb.ch/de/bahnhof-services/reisende-mit-handicap.html:** Infos zu Bahnreisen für Menschen mit Handicap

Diplomatische Vertretungen

- **Ständige Vertretung der Bundesrepublik Deutschland bei den Vereinten Nationen in Genf**, Chemin du Petit-Saconnex 28 C, Tel. 022 7301111, https://genf.diplo.de
- **Honorarkonsul der Bundesrepublik Deutschland,** Rue de Moillebeau 49, Tel. 022 7346606, www.deutscher-honorarkonsul-genf.ch
- **Österreichisches Honorarkonsulat,** Rue des Cordiers 14, Tel. 022 3111785

Ein- und Ausreisebestimmungen

Die Schweiz gehört zwar nicht zur EU, es besteht jedoch für deutsche und österreichische Staatsangehörige **keine Visumpflicht.** Es gibt zwar weiterhin Grenzkontrollen, doch für die Einreise aus westeuropäischen Ländern genügt ein gültiger Personalausweis. Ein Reisepass ist nur bei Einreise aus osteuropäischen Ländern und aus Übersee nötig.

Lebensmittel sind bei der **Einfuhr in die Schweiz** grundsätzlich zollpflichtig. Geringe Freimengen sind zum zollfreien Import erlaubt (pro Person ab 17 Jahren): 5 l Alkohol unter 18 %, 1 l über 18 % sowie 250 Zigaretten/Zigarren bzw. 250 g Tabak, zudem Privatwaren bis zu einem Gesamtwert von CHF 300 pro Person.

Für die Einfuhr **aus der Schweiz nach Deutschland oder Österreich** gelten **Freigrenzen für zollfreien Import** (pro Person ab 17 Jahren): 2 l Alkohol unter 22 %, 1 l über 22 % sowie 200 Zigaretten oder 50 Zigarren bzw. 250 g Tabak, zudem Privatwaren bis zu einem Gesamtwert von 300 €.

Hunde und Katzen müssen gegen Tollwut geimpft sein (Nachweis durch Attest vom Tierarzt, mind. 30 Tage, max. 12 Monate vor Grenzübertritt). Gewisse Hunderassen sind meldepflichtig.

- www.ezv.admin.ch/ezv/de/home.html (Einfuhr Schweiz)
- www.zoll.de/DE/Privatpersonen/Reisen/reisen_node.html

Elektrizität

Die Spannung in der Schweiz beträgt wie in Deutschland 230 V, die Frequenz 50 Hz.

Es werden zweipolige (Typ C) und dreipolige (TYP J) Stecker verwendet. Längliche, flache Euro-Stecker (Typ C) sind mit der Schweizer Steckdose kompatibel, für alte Schukostecker ist ein Adapter nötig.

Geldfragen

Währung und Kreditkarten

Der **Schweizer Franken** gilt als **eine der stabilsten Währungen der Welt.** Die offizielle Abkürzung ist CHF, nach der lateinischen Bezeichnung für das Land (Confederatio Helvetica), doch auch „Sfr" oder „Fr." sind gängig.

Es gibt **Banknoten** zu CHF 1000, 200, 100, 50, 20, 10. Die alten Scheine mit verschiedenen Porträts wurden zwischen 2016 und 2019 nach und nach durch neue Geldscheine mit Symbolen ersetzt.

Münzen gibt es zu CHF 5, 2 und 1, sowie zu 50, 20, 10 und 5 Rappen. Alle außer dem 5-Rappen-Stück (Aluminiumbronze) bestehen aus Kupfernickel und zeigen entweder den Libertas-Kopf oder eine stehende Helvetia. Auf dem 5-Franken-Stück ist ein Alphirte (oft als Wilhelm Tell gedeutet) dargestellt. Die Landesbezeichnung ist auf allen Münzen mit „Confederatio Helvetica“ oder mit „Helvetia“ angegeben.

Kreditkarten werden in größeren Läden und besseren Restaurants, Hotels und sonstigen Einrichtungen akzeptiert, vielfach werden auch Euro angenommen – allerdings zu ungünstigeren Tauschkursen. An vielen **Bankautomaten** können Euro direkt bezogen werden. Auch die deutsche oder österreichische **Maestro-Karte** wird fast überall akzeptiert. Einige Geldinstitute statten ihre Geldkarten mit der Bezahlfunktion **V PAY** aus. An den Schweizer Bankautomaten wird diese Funktion akzeptiert.

Die **Gebühren** für das Abheben mit der Kreditkarte sind manchmal niedriger (meist 4 %) als mit der Girocard – am besten erkundigt man sich vorher bei der Hausbank.

Banken haben großteils Mo.–Fr. 8.30–16.30 Uhr geöffnet. Ein **Geldwechsel** ist z. B. bei Crédit Suisse, Migros oder UBS (meist Mo.–Fr. 8.30–16.30 Uhr), außerdem am Bahnhof oder Flughafen möglich.

Manche Geschäfte oder Restaurants akzeptieren auch Euro, geben aber Restsummen in CHF heraus.

Der Umrechnungskurs des Schweizer Franken lautet (Stand Ende 2018, aktueller Tageskurs im Internet unter www.oanda.com):

- 1 € = 1,14 CHF
- CHF 1 = 0,88 €

Genf preiswert

- *Der **Geneva Pass** umfasst freie Museumseintritte, Rabatte bei Touren und Schifffahrten, in Läden etc. Es gibt ihn für 1, 2 oder 3 Tage zu CHF 26, 37 bzw. 45 in den Besucherinfostellen. Infos: www.geneve.com/de/sehenswertes/geneva-pass.*
- ***Geneva Transport Card:** Automatisch zur Hotelübernachtung gibt es eine Karte für die Gratisnutzung des Nahverkehrs für die gesamte Aufenthaltsdauer und alle Verkehrsmittel der Stadt, inklusive der Mouettes (Wassertaxis)! Am Flughafen gibt es Ticketautomaten für die Gratistickets zum Hotel. Infos: www.tpg.ch/geneva-transport-card.*
- *Eine **Fahrt mit einer Mouette** (Wassertaxi) über den See ist wesentlich preiswerter (oder sogar gratis mit der Geneva Transport Card), aber kaum weniger schön als eine Schiffsrundfahrt. Vor allem die längeren Routen der Linien M3 und M4 lohnen!*
- *Bei Genèveroule (s. S. 111) gibt es im Sommer **gratis Leihfahrräder** für vier Stunden.*
- *Das Wasser der **öffentlichen Brunnen** ist von hoher Qualität und kann getrunken werden, hier kann man seine Trinkflaschen auffüllen.*

Preise und Kosten

- **Lebensmittel:** Es gibt einige Spezialitäten, die in Genf empfehlenswert und günstiger bzw. in größerer Auswahl und besserer Qualität erhältlich sind, so z. B. Croissants (CHF 1,50–2), Baguette

(CHF 2,50–3), lokaler Wein (Flasche ab ca. CHF 7 – Bier ist mit ca. CHF 8 für 0,5 l hingegen relativ teuer!), Käse, v. a. Gruyère, Vacherin oder Tomme (ab ca. CHF 2,50/100 g), Viande sechée/Bündnerfleisch (ca. CHF 10/100 g, am Stück preiswerter!), Sandwiches (ab ca. CHF 7) oder Mittagsteller *(plat du jour)* (ab ca. CHF 20, manchmal nur mittags).

› **Unterkunft:** ab 90 € (z. B. bei www.hotel.de) in der preiswertesten Kategorie bzw. ab etwa CHF 150 für ein DZ im Mittelklassehotel, auch Specials (www.geneve.com/en/sleep/special-offers)
› Die **Eintrittspreise** liegen bei Museen um die CHF 5–10. Günstig sind die oben beschriebenen Museumspässe.
› **Nahverkehr:** Bei Hotelbuchung gibt es die Geneva Transport Card (s. S. 105), ein kostenloses Nahverkehrsticket, dazu. Wer nicht in einem Genfer Hotel nächtigt, fährt mit einem 24-Std.-Ticket (CHF 10, an Wochenenden für zwei Pers. gültig) bzw. mit einem Tagesticket (9–24 Uhr, CHF 8) günstig durch die Stadt.
› **www.leprogramme.ch:** Veranstaltungskalender mit Events aus den verschiedensten Bereichen, auch für Kinder

Informationsquellen

Infostellen zu Hause

Für alle drei Infostellen: Tel. 00800 10020030 (gratis) www.myswitzerland.com:

› **In Deutschland: Schweiz Tourismus,** Rossmarkt 23, 60311 Frankfurt/M. (nur für schriftl. Anfragen)
› **In Österreich:** Schweiz Tourismus, Schwindgasse 20, A-1040 Wien (nur für schriftl. Anfragen)
› **In der Schweiz:** Schweiz Tourismus, Tödistraße 7, CH-8002 Zürich (nur für schriftl. Anfragen)

087ge Abb.: mb

Infostellen vor Ort

ℹ152 [K8] **Genève Tourisme,** Rue du Mont-Blanc 18, www.geneve.com, Tel. 0041 (0)22 9097000, Mo.–Mi., Fr./Sa. 9–18, Do. 10–18, So. 10–16 Uhr. Touren, Hotelvermittlung, Pläne, Broschüren und kleiner Shop.

ℹ153 [J8] **Infostelle Espace Ville de Genève,** Pont de la Machine 1, im Cité-du-Temps-Gebäude, Tel. 0041 (0)22 3119970, Mo. 12–18 Uhr, Di.–Fr. 9–18 Uhr, Sa. 10–17 Uhr, Ticketvorverkauf: Tel. 022 3119827

› Infostände am **Genève Aéroport,** betrieben von HelvéCie, 7–23 Uhr, Hotelreservierungen, Infos, Fahrkarten etc.
› **Info-Bus:** Das Centre Accueil et Reseignements (CAR) betreibt eine kleine Infostelle (nur Mitte Juni–Mitte Sept. tgl. 9–21 Uhr) vor dem Gare de Cornavin [J7] am Anfang der Fußgängerzone, die sich in erster Linie an junge Touristen wendet.
› Orange gekleidete **Geneva Tourist Angels** geben an touristisch frequentierten Stellen in der Stadt im Sommer ebenfalls Auskunft.

Die Stadt im Internet

› **www.geneve.ch:** Seite der Kantonsverwaltung zu Stadt und Umgebung mit aktuellen Themen (Ereignisse und Veranstaltungen) und Links.

- **www.geneve.com:** Praktische Informationen zu allen touristischen Aspekten, auch Online-Hotelreservierung, Stadtplan, umfassender Veranstaltungskalender usw. Die wohl hilfreichste und aktuellste Website zu Genf von Genève Tourisme, mehrsprachig.
- **www.ville-geneve.ch:** Offizielle Webpräsenz der Stadt Genf mit aktuellen Feature Stories, außerdem Informatives zur Kulturszene und aktuellen Veranstaltungen, auch auf Englisch.
- **www.genf.diplo.de:** Webseite der Vertretungen Deutschlands in Genf, mit aktuellen politischen Nachrichten.
- **www.geneva.info:** Private Webpage in englischer Sprache mit Infos zu Stadt und Umgebung, auch Karten und Veranstaltungshinweise.
- **www.resto-rang.ch:** Restaurantübersicht, gewertet nach Preiskategorien, dazu aktuelle Tipps und diverse Suchmasken (Küche/Ort/Terrasse usw.).
- **www.welcome-geneva.ch:** Private Schweizer Seite mit viel Reklame und Infos zu Restaurants, Nightlife etc. aber auch Allgemeines zur Reisepraxis.

Genf-Apps

- **tpg – Transports publics genevois:** App der Genfer Verkehrsbetriebe mit Informationen zu Wartezeiten, Reisedauer und Verbindungen (kostenlos für Android und iOS, www.tpg.ch/horaires-temps-reel)
- **Swiss Events:** Die App bietet den offiziellen Veranstaltungskalender von MySwitzerland.com für die gesamte Schweiz, einschließlich Genf (kostenlos für Android und iOS, www.myswitzerland.com/de-de/swiss-events-app.html).
- **Urban Map:** Shopping und Kultur für Citybummler (nur für iOS)

◁ Bei Genève Tourisme bleibt keine Besucherfrage offen

Unsere Literaturtipps

- *Joël Dicker, **Die Wahrheit über den Fall Harry Quebert,** Piper 2013. Der Krimi ist das jüngste Werk des derzeit gefeierten Nachwuchsautors aus Genf.*
- ***Zep** (eigentl. Philippe Chappuis) ist der bekannteste Comic-Autor der Stadt. Lesenswert sind die Abenteuer von Titeuf, dem Genfer Lausbuben, aber auch die Einzelwerke wie „Happy Sex“ (www.zeporama.com)*
- *Eberhard Raetz, **Genfer See und die Romandie. Eine Reise durch die Westschweiz,** Info Verlag 2003. Ein schönes Reiselesebuch und Liebeserklärung an die Genferseeregion, das Erkundungen abseits touristischer Routen sowie Spaziergänge durch Genf, Montreux und Lausanne beinhaltet.*
- *Friedrich Glauser, **Der Tee der drei alten Damen,** u. a. Unionsverlag 2005. Der Krimi spielt in den Jahren 1930–1949 in Genf und handelt verfremdet von vier Genfer Persönlichkeiten.*
- *Zu den Legenden der Stadt gehört **Michel Viala** (1933–2013), der als Dichter, Schauspieler und Maler die Literatur, das Theater und Kino in der Romandie gleichermaßen prägte. Bei Bernard Campiche Éditeur gibt es Ausgaben seiner Werke (www.campiche.ch).*
- *Christiane Landgrebe, **Ich bin nicht käuflich. Das Leben des Jean-Jacques Rousseau,** Beltz 2004. Interessante Biografie über einen der einflussreichsten Philosophen der Neuzeit.*

EXTRATIPP

Deutschsprachige Zeitungen

In der **Bibliothèque d'allemand** (Bibliothek der Universitätsfakultät für Deutsch) kann man deutschsprachige Zeitungen und Magazine lesen.

154 [K10] **Bibliothèque d'allemand,** Rue De-Candolle 5, Mo.–Fr. 8–22, Sa./So. 9–18 Uhr, www.unige.ch/biblio/old/allemand/accueil

Publikationen und Medien

Die Tageszeitung **Le Courrier** (Im Web: www.lecourrier.ch) erschien erstmals am 5.1.1868 als Interressensorgan der Katholiken. Man betrachtet sich als unabhängiges Organ, kritisch und analysierend berichtend. **Le Temps** (www.letemps.ch) ist die Tageszeitung für „La Suisse romande et francophone". Die **Tribune de Genève** (www.tdg.ch) ist attraktiv aufgemacht und bietet viel Informatives zu Kultur, Veranstaltungen usw. sowie die Rubrik „English Corner", die Nachrichten aus der Region in englischer Sprache bietet. **Le Matin** (www.lematin.ch) mit Hauptsitz in Lausanne und Ableger in Genf gibt sich populär mit umfassendem Serviceteil.

Internationale (deutsche) Zeitungen und Zeitschriften gibt es an den vielen Kiosken, vor allem an den verbreiteten, großen Naville-Presse-Verkaufsständen, sowie natürlich am Bahnhof und im Flughafen in großer Auswahl.

Unter den **Gratiszeitungen**, die in Kästen an Bushaltestellen, an Straßenecken und in öffentlichen Einrichtungen erhältlich sind, ist die bekannteste und größte **„20 minutes"**, die in Genf natürlich in französischer Sprache erscheint, aber auch auf Deutsch verfügbar ist (www.20min.ch).

Internet

Genf ist sehr gut mit **Internet-Hotspots** ausgestattet. Zur Nutzung des Netzes „((o)) **ville-geneve**" ist die Anforderung eines Zugangscodes unter Angabe der eigenen Telefonnummer nötig. Per SMS erhält man den Zugangscode zugeschickt, der 6 Monate gültig ist. An den meisten zentralen Plätzen – z.B. Rade (s.S.30), Parc La Perle du Lac (s.S.80), Parc des Bastions 37, Place de la Madeleine, Parc de la Grange 22, Plaine de Plainpalais [I/J10], Parc des Eaux-Vives 22 oder Place du Bourg-de-Four 13 – kann gratis gesurft werden. Details zur Nutzung, eine Verteilungskarte und eine Liste als PDF gibt es unter

› www.ville-geneve.ch/themes/environnement-urbain-espaces-verts/acces/connecter

Auch in den meisten **Hotels** ist Internetzugang mittlerweile gratis möglich, außerdem in vielen Cafés und Lokalen. Im **ÖPNV** befindet sich freies WLAN derzeit in der Probephase, ist aber für ausländische Besucher noch nicht nutzbar.

Mit Kindern unterwegs

Genf hat für Kinder nicht nur Bootsfahrten mit Mouettes (s.S.117), die Badeanstalt Bains des Pâquis 29 oder eine Besteigung des Turms der Kathedrale 9 zu bieten, sondern auch Parks (teils mit Spielplätzen oder Karussells) und interessante Museen, so beispielsweise:

› **Musée d'Histoire Naturelle de la Ville de Genève** (s.S.60). Größtes naturwissenschaftliches Museum der Schweiz mit Dinosaurierrekonstruktionen, Dioramen usw. Eintritt für Kinder frei.

› **Maison Tavel** (7). Hier wird den jungen Besuchern gut dargelegt, wie man früher gelebt hat, dazu gibt es ein sehenswertes Stadtmodell.

155 [J11] **Théâtre des Marionettes de Genève,** Rue Rodo 3, Tel. 022 8073107, www.marionnettes.ch. Das Marionettentheater existiert seit 1929.

› **Site Archéologique de la Cathédrale Saint-Pierre** (10). Spannende Ausgrabungen unter der Kathedrale.

› **Jardin Botaniques** (31). Abgesehen von den Pflanzensammlungen gibt es einen kleinen Zoo sowic cinen schönen Spielplatz mit Kinderkarussell mit Tierfiguren.

› **Genève-Plage** (23). Bad am Seeufer mit Becken, Rutschen und anderen Vergnügungsmöglichkeiten.

•156 [L9] **Minitrain-Touren (1),** ab Jardin Anglais, www.geneva-sightseeing-tour.ch. Verschiedene Routen, im Geneva Pass (s. S. 105) gratis enthalten, auch deutschsprachig. Stadtrundfahrten in offenen Miniaturtrambahnen.

•157 [K8] **Minitrain-Touren (2),** Ticketstelle Quai du Mont-Blanc

•158 [M8] **Les Corsaires,** Quai Gustave-Ador 33, Tel. 022 7354300. www.lescorsaires.ch **Tretbootverleih** an der Rive Gauche, im Geneva Pass (s. S. 105) enthalten!

106ge Abb.: mb

•159 [L7] **Marti Marine SA,** Quai du Mont-Blanc 31, Tel. 022 7328821, www.martimarine.ch. **Tretbootverleih** (Rive Droite)

› Fahrt mit der **historischen Museumstrambahn.** April–Oktober an je einem Sonntag im Monat, Infos unter: www.agmt.ch (s. S. 118).

Medizinische Versorgung

› **SOS Ärzteservice** (24 Std.), Tel. 022 7484950, www.sos-medecins.ch (Hausbesuche)

› **Centre Médical du Léman,** Rue Alfred-Vincent 17, Tel. 022 7160660, www.cmleman.ch, Mo.–Fr. 8–18 Uhr (auch ohne Termin)

✚160 [J7] **Medbase Genève Gare Cornavin,** Pl. Cornavin 7, Tel. 022 8709595, Mo.–Fr. 8–19 Uhr. Im Bahnhof befindliches Gesundheitszentrum.

› **Deutschsprachige Ärzte:** Dr. Dieter Kraft, Chemin Gilbert-Trolliet 2, Tel. 022 7401111

✚161 [K11] **Hôpitaux Universitaires de Genève (HUG),** Rue Gabrielle-Perret-Gentil 4, 022 3728120 (Notruf), www.hug-ge.ch

✚162 [K12] **Kinderklinik,** Av. de la Roseraie 4, Tel. 022 3824555

› **Zahnarztnotdienst:** Tel. 1811, Zahnärzte: Tel. 022 7357355, Zahnklinik: Tel. 022 3466444

Apotheken

✚163 [J7] **Amavita,** Gre Cornavin, tgl. 7–23, So. ab 9 Uhr

✚164 [K12] **Pharma24,** Bv. de la Cluse 38, Tel. 022 8080018. Teil der Uniklinik HUG (s. o.), rund um die Uhr geöffnet.

◁ *Karussell im Jardin Botanique* (31)

Notfälle

Notrufnummern

- **Notruf:** Tel. 112
- **Polizei:** Tel. 117
- **Feuerwehr:** Tel. 118
- **Pannen/Straßenhilfe:** Tel. 140
- **Notfalltransport und Helikopter:** Tel. 144
- **Städtisches Fundamt (Service cantonal des objets trouvés),** Rue des Glacis-de-Rive 5, Tel. 022 5460900, www.ge.ch/en/lost-property, Mo.–Fr. 7.30–12 und 13–16 Uhr, auch Fundstücke aus ÖPNV
- **165** [J7] **Polizeiwache Cornavin,** am Hbf., Tel. 022 3886100 oder 022 4278111, Mo.–Sa. 9–18.30, So. 14–18.30 Uhr
- **166** [K7] **Polizeiwache Pâquis,** Rue du Berne 6, Tel. 022 4279800, tgl. 24 Std.

Kartensperrung

Bei **Verlust der Debit/Giro-, Kredit-** oder **SIM-Karte** gibt es für Kartensperrungen eine **deutsche Zentralnummer** (unbedingt vor der Reise klären, ob die eigene Bank bzw. der jeweilige Mobilfunkanbieter diesem Notrufsystem angeschlossen ist). **Aber Achtung:** Mit der telefonischen Sperrung sind die Bezahlkarten zwar für die Bezahlung/Geldabhebung mit der PIN gesperrt, nicht jedoch für das **Lastschriftverfahren mit Unterschrift.** Man sollte daher auf jeden Fall den Verlust zusätzlich **bei der Polizei zur Anzeige bringen,** um gegebenenfalls auftretende Ansprüche zurückweisen zu können.

In **Österreich** und der **Schweiz** gibt es keine zentrale Sperrnummer, daher sollten sich Besitzer von in diesen Ländern ausgestellten Debit- oder Kreditkarten vor der Abreise bei ihrem Kreditinstitut über den zuständigen Sperrnotruf informieren.

Generell sollte man sich immer die **wichtigsten Daten** wie Kartennummer und Ausstellungsdatum **separat notieren,** da diese unter Umständen abgefragt werden.

- **Deutscher Sperrnotruf:** Tel. +49 116116 oder Tel. +49 3040504050
- **Weitere Infos:** www.kartensicherheit.de, www.sperr-notruf.de

Öffnungszeiten

Die **Ladenöffnungszeiten** in der Schweiz sind im Allgemeinen kürzer als in Deutschland, meist von morgens 9 Uhr bis abends 18.30 oder 19 Uhr, donnerstags oft länger (bis 20/21 Uhr) und samstags nur bis 16 oder 17 Uhr. Kleinere Geschäfte haben manchmal am Montagvormittag geschlossen. **Große Kaufhäuser** und **Einkaufszentren** sind normalerweise Mo./Di./Mi. 8.30/9–19 Uhr, Do. bis 21 Uhr und Sa. 8.30/9–18 Uhr geöffnet. In den Sommermonaten Juli/August machen viele Shops Urlaub oder öffnen nur verkürzt. **Banken** haben Mo.–Fr. 8.30–16.30/17 Uhr, Do. 8.30–17.30 Uhr geöffnet, doch Geldautomaten sind im Zentrum verbreitet.

Post

Postämter sind meist 8/9–12 Uhr und 14–18 Uhr geöffnet, Hauptpost und Bahnhofspost ohne Mittagspause und mit Notfallservice. Im Briefverkehr wird die **A-Post** mit Zustellung am nächsten Werktag von der billigeren **B-Post** mit Zustellung innerhalb von zwei bis drei Tagen unterschieden. In der Schweiz kostet ein A-Post-Standardbrief bis 100 g CHF 1, mit B-Post CHF 0,85. Innerhalb Europas sind im preiswertesten Economy-Versand für einen Standardbrief (bzw. eine Karte) CHF 1,40 zu entrichten, das etwas schnellere Priority kostet CHF 1,50. In andere Länder sind es CHF 1,70 bzw. 2.

› **Infos:** www.poste.ch

Große, zentral gelegene Postfilialen:

✉**167** [K7] **Hôtel des Postes,** Rue du Mont-Blanc 18, Mo.–Fr. 7.30–18 Uhr, Sa. 9–16 Uhr. Das Hauptpostamt befindet sich im selben Gebäude wie Genève Tourisme (s. S. 106).

✉**168** [J6] **Montbrillant,** hinter dem Bahnhof, Rue des Gares 16, werktags 9–19 Uhr, Sa. 9–12 Uhr

Radfahren

In der Schweiz fährt man nicht Fahrrad, sondern *velo*. Es gibt zwar in Genf ein knapp 80 km umfassendes **Fahrradwegenetz,** doch ist Radfahren in der Innenstadt aufgrund des Verkehrs nicht immer ganz ungefährlich.

Der Rhone-Radweg bietet Sportlichen Touren von Genf aus: entweder Richtung Lausanne oder nach Evian-les-Bains (www.rhone-radweg.com).

Am Wochenende und an Ferientagen dürfen Räder im Nahverkehr zum vollen Tarif mitgenommen werden.

› An jeweils einem Samstag in den Monaten April bis September bietet „Samedi du velo" **Fahrradtouren** an (Tel. 022 4188260, www.samediduvelo.ch).

Fahrradverleih wird von Genève roule (www.geneveroule.ch) angeboten. Von Ende April bis Ende Okt. können Räder gratis für 4 Std. gegen CHF 20 Kaution an verschiedenen Stationen ausgeliehen werden. Für eine längere Dauer kann man Räder z. B. bei den folgenden Stellen leihen:

Infos für LGBT+

So wie die gesamte Schweiz ***tolerant*** *gegenüber alternativen Lebensformen ist, herrscht auch in Genf eine liberale Atmosphäre.*

Dialogai *ist seit 1982 der Zusammenschluss homosexueller Menschen. Der Verein gibt einen Plan Gay de Genève mit Treffs, Kneipen, Anlaufstellen etc. heraus.*

171 *[K7]* ***Dialogai,*** *Rue de la Navigation 11–13, Tel. 022 9064040, www.dialogai.org*

Im Internet findet man unter http://360.ch/gaymap/city/geneve Treffs, Klubs und Hotels, die besonders von Homosexuellen frequentiert werden. Hier ein paar Tipps:

172 *[J11]* ***Le Déclic Bar,*** *Bd du Pont d'Arve 28 (Plainpalais), Tel. 022 3205914, http://ledeclic.ch. Beliebter Danceclub für Schwule und Lesben, besteht seit 1988. Travestieshows (Fr.), Zauberer, Imitatoren, Karaoke u. a.*

173 *[M9]* ***Nathan,*** *Av. de Frontenex 34, www.swissgay.ch/nathan, tgl. 17–1 bzw. 2 Uhr. Gemütliches, lebhaftes Gay-Bistro, Do. und Sa. Acid Jazz und House.*

•**169** [J7] **Association Genèveroule – Arcade Montbrillant,** Place de Montbrillant 17, tgl. 8–21 Uhr (Nov.–April tgl. 8–18 Uhr). Halbtags CHF 8, ganztags CHF 12 Miete.

•**170** [M10] **Association Genèveroule – Arcade Terrassière,** Ruelle des Templiers 4, tgl. 8–21 Uhr (Nov.–April tgl. 8–18 Uhr).

Weitere Infos unter:

› http://geneveroule.ch/en/rent-loan

Sicherheit

Die Kriminalitätsstatistik von Genf ist rückläufig. Für Besucher ist Genf nicht gefährlicher als jede andere westeuropäische Großstadt. Wer die **üblichen Vorsichtsmaßnahmen** in Bezug auf Schmuck, Handtaschen und Geldbeutel, Kameras und andere Wertgegenstände vor allem bei Massenaufläufen, Veranstaltungen, in öffentlichen Verkehrsmitteln usw. beachtet, ist auf der sicheren Seite. Natürlich ist es nicht ratsam, Wertgegenstände oder Handtaschen offen im Auto liegen zu lassen.

Ist man bestohlen worden, muss Anzeige bei der Polizei erstattet (s. S. 110, „Notfälle"), ggf. auch im Konsulat vorgesprochen werden.

Sport und Erholung

Genf ist keine Stadt, in die man fährt, um intensiv Sport zu treiben. Genf ist zuallererst Shopping, weltmännischer Lebensgenuss und Erholung, vielleicht begleitend etwas Wassersport, Wandern und Radfahren.

Alles zu den Genfer Parks, in denen es sich gut walken und joggen lässt, findet man unter „Genf zum Träumen und Entspannen" (s. S. 79).

Baden und Wellness

› Die **Bains des Pâquis** 29, tgl. mind. 10–Sonnenuntergang bzw. 21 Uhr (von Wetter und Jahreszeit abhängig), CHF 2 (gratis mit Geneva Pass, s. S. 105), www.bains-des-paquis.ch, sind ideal für ein Bad im See, im Winter (Mitte Sept.–Mitte Mai) Saunen, Hammam/türkisches Bad (CHF 20) und Massagen. Außerdem zugehöriges Restaurant Buvette (s. S. 63).

Wassersport

Wassersport auf dem Genfer See ist eher etwas für Wohlhabende bzw. Leute mit Beziehungen zu Bootsbesitzern und Jachtklubs. Wasserski, Segeln, und – auf Arve und Rhône – Kanu, Rafting und Fischen sind möglich. Ein Mega-Event ist die im August auf dem See ausgetragene **Segelregatta Bol d'Or**.

› **Kajak- und Kanu-Raftingtouren auf der Arve:** www.rafting-loisirs.ch, gratis mit Geneva Pass (s. S. 105)

Sprache

Genf ist in jeder Hinsicht eine französische Stadt, auch was die Sprache angeht. **Französisch ist Amtssprache** und wird von drei Vierteln der Bevölkerung gesprochen, nur gut 5 % sprechen Deutsch bzw. Italienisch und die internationale Umgangssprache ist **Englisch**.

Man wird in Läden, auf Märkten oder in Museen selten mit Deutsch weiterkommen, eher schon in Hotels, wo das Personal meist multilingual ist. Auch die Beschriftung auf Verkehrs-, Straßen- und sonstigen Hinweisschildern und in Museen ist im Allgemeinen auf Französisch, zusätzlich manchmal auf Englisch, nur selten auf Deutsch.

Bis ins 16. Jahrhundert war in Genf noch das **Patois** – ein francoprovençaler Dialekt – verbreitet und auch heute noch sprechen die Genfer einen speziellen französischen Dialekt, das *Genevois*. Dieser weist Unterschiede zum Schulfranzösisch auf, v. a. was regionale Ausdrücke, veraltete Ausdrucksformen und typisch Schweizer Fachausdrücke betrifft.

Stadttouren

Touren zu Land

•174 [K8] **Keytours,** Rue des Alpes 7, Tel. 022 7314140, www.keytours.ch. Stadttouren, auch kombiniert mit Bootsfahrt, sowie Ausflüge ins Umland.

Genève Tourisme bietet jeden Sa. um 14 Uhr u.a. **geführte Altstadtrundgänge** (90 Min., CHF 15, engl., gratis mit Geneva Pass) an. Außerdem werden regelmäßig Segway-, Fahrrad- und andere Spezialtouren angeboten. Start ist an der Infostelle in der Rue du Mont-Blanc (s. S. 106). Viele der Touren gibt es mit Geneva Pass gratis oder ermäßigt. Buchung und Informationen dort oder online unter:

› www.geneve.com/en/see-do/tours-and-excursions

Ebenfalls in der Touristinfo sind **Audioguides** in verschiedenen Sprachen erhältlich. Für CHF 5 (gratis mit Geneva Pass) erhält man einen MP3-Player mit Beschreibungen auf Deutsch, der nach der Reise für Musik weiterverwendet werden kann. Der beschriebene 2½-stündige Rundgang führt durch Altstadt und Internationales Viertel.

› **Infos:** www.geneve.com/de/attraktionen/audioguide

EXTRATIPP

Kulinarische Touren

Wer sich etwas Besonderes gönnen möchte, sollte eine kulinarische Tour („Le Table du Chef") von CGN unternehmen. Auf dem **historischen Raddampfer** Savoie gibt es mittags und abends zwei- bzw. dreistündige Rundfahrten mit einem drei- oder viergängigen Menü. Besonders die Abendtour ist ein unvergessliches Erlebnis.

› www.cgn.ch/fr/croisieres.html?boats=Savoie

Eine **Schokoladentour** zu Fuß bietet Local Flavors Geneva an.

› https://localflavourstours.com

Touren zu Wasser

Außer den Schnellbooten, den *Mouettes*, die die Seeufer als „Wassertaxis" miteinander verbinden (s. S. 117), bieten verschiedene Gesellschaften reguläre **Schifffahrten** verschiedener Dauer, Thematik und Routen an, z. B:

•175 [K8] **CGN,** Quai du Mont-Blanc, Tel. 0848 811848, www.cgn.ch. CGN bietet Rundfahrten wie die empfehlenswerte „Geneva Tour" (55 Min., CHF 19, gratis mit Geneva Pass, s. S. 105) sowie Lunch- und Fondue-Sonderfahrten. Dabei kommen renovierte alte Raddampfer zum Einsatz – ein Erlebnis!

•176 [L8] **Swissboat,** Quai du Mont-Blanc (vor dem Hotel Beau-Rivage), Tel. 022 7324747, www.swissboat.com. Unterschiedlich lange Seerundfahrten, z. B. die Mermaid's Cruise (im Geneva Pass, s. S. 105, enthalten).

Telefonieren

Die **Vorwahl Genfs lautet 022,** diese muss auch innerhalb der Stadt immer mitgewählt werden! Aus Deutschland oder Österreich muss hingegen die **Ländervorwahl 0041** vorausgeschickt werden, für Genf wäre es also dann folgende Kombination: (0041) 22 ... (ohne 0 vor der 22!).

Für Telefonate aus der Schweiz ins Ausland lauten die Vorwahlen:

› nach Deutschland: 0049

› nach Österreich: 0043

Öffentliche Fernsprecher sind noch verbreitet, z. T. kann mit Münzen oder Karten telefoniert werden.

› **Schweizer Telefonauskunft:** Tel. 111

Mobile Datenverbindungen können in der Schweiz, da außerhalb der EU, mit **hohen Kosten** verbunden sein. Man sollte sich daher vor der Reise bei seinem Netzbetreiber über evtl. günstigere Auslandsdatenpakete informieren oder zur Sicherheit die Mobile-Daten-Option deaktivieren und nur über kostenlose WLAN-Netze ins Internet gehen.

Unterkunft

In Genf, der internationalen Metropole, ist das **Hotelangebot groß und breit gefächert.** Es gibt um die 130 Hotels, davon 12 Fünfsternehäuser, die sich vor allem entlang der Rhône bzw. am stadtnahen Seeufer aufreihen, z. B das Beau-Rivage 28 oder das Hotel d'Angleterre.

Das **Preisniveau ist insgesamt eher hoch,** allerdings ist zumindest dank der Geneva Transport Card (s. S. 105) der Nahverkehr für Hotelgäste gratis. Während der gesamten Aufenthaltsdauer gilt dieses Ticket in allen Verkehrsmitteln der Stadt und kann (mit Buchungsnachweis) sogar zur Anfahrt zum Hotel genutzt werden.

Eine **Hotelreservierung** ist, da UNO u. a. Institutionen, aber auch Messen und Events ganzjährig Besucher anziehen, **dringend angeraten** und einfach über Genève Tourisme (s. S. 106) möglich. Das Tourismusamt hat auch relativ günstige Specials im Angebot, z. B. zwei Übernachtungen übers Wochenende mit Frühstück. Es gibt aber auch zuweilen Tophotels zu Schnäppchenpreisen, wenn die Auslastung, vor allem am Wochenende, gering ist.

Günstigere Tarife sind meist zu Zeiten zu bekommen, in denen Geschäftsleute weniger zahlreich vertreten sind, d. h. in der Ferienzeit (Juli–Aug.) bzw. im Winter (Dez.–Feb.). Zur Hochsaison und bei Anreise mit Auto kann es sich für Sparsame lohnen, sich am waadtländischen Ufer oder auf französischer Seite am Südufer umzusehen. Auch im nördlich der Stadt nahe dem Flughafen gelegenen Ferney-Voltaire (Frankreich) lassen sich u. U. günstigere Unterkünfte finden. Der Ort ist dabei mit Bus F ab Hauptbahnhof Gare de Cornavin (bis „Ferney-Mairie") gut an die Stadt angebunden.

Wohlfühlen und Genießen

28 [L7] **Beau-Rivage,** Quai du Mont-Blanc 13, www.beau-rivage.ch, Tel. 022 7166666. **Historischer Luxus in grandioser Lage:** geschichtsträchtiges Grandhotel von 1864 am See, noch heute in Familienbesitz, mit Luxusrestaurant Le Chat-Botté. Knapp 100 Zimmer.

177 [K7] **Hôtel Le Richemond,** Rue Adhémar-Fabri 8–10, Tel. 022 7157000, www.lerichemond.com. **Traditionell luxuriös mit Spa:** 109 Zimmer und Suiten. Das seit 1875 bestehende Grandhotel hat die Exklusivität eines Privatklubs. Auf Les Terrasses mit Blick auf den Brunswick Garden oder im Lokal Le Jardin kann man gut essen.

Gehobene Kategorie

178 [N8] **Float Inn,** Quai Gustave Ador 54, Tel. 41 787975197, www.floatinn.swiss/de. **Das besondere Erlebnis:** Nächtigen auf dem Wasser, nahe dem Jet d'eau auf einer Jacht.

🏨179 [K8] **Hôtel d'Allèves,** Rue Kléberg 13, www.hoteldalleves.ch, Tel. 022 7321530. **Historisch mit modernem Touch:** 46 Zimmer in günstiger Lage und mit Restaurant.

🏨180 [K6] **Hôtels Drake-Longchamp,** Rue Butini 7, Tel. 022 7164848, www.hdlge.ch. **Grandiose Seelage:** helle, ordentliche 156 Zimmer mit Minibar und Fernseher in modernem Bau nahe dem See und dem Palais Wilson, Frühstück inklusive.

› **l'Auberge d'Hermance** (s. S. 56), Rue du Midi, 12, www.hotel-hermance.ch, Tel. 022 7511368. **Einzigartig und persönlich:** in Hermance, 14 km vom Stadtzentrum entfernt, am Südufer des Sees gelegen. Sechs luxuriöse Zimmer inkl. Frühstück, zugehöriges Gourmetrestaurant.

Mittlere Kategorie

🏨181 [I14] **Auberge Communale,** Rue Ancienne 39, Carouge (Tram 12), Tel. 022 3380710. **Ungewöhnliches Design in historischem Ambiente:** 14 individuell ausgestattete Zimmer inkl. Frühstück, außerdem Toplokal im Haus.

🏨182 [K6] **Hôtel Auteuil,** Rue de Lausanne 33, Tel. 022 5442222 , www.hotelauteuilgeneva.com. **Modern und gut ausgestattet in Seenähe:** 104 große geschmackvolle Zimmer, nahe am See.

🏨183 [L9] **Hôtel Bel'Espérance,** Rue de la Vallée 1, www.hotel-bel-esperance.ch, Tel. 022 8183737. **Gut und günstig in der Altstadt gelegen:** Das nahe Collège Calvin gelegene Hotel wird seit 1996 von der Heilsarmee betrieben. 39 ordentliche Zimmer verschiedener Typen zu günstigen Preisen und Terrasse mit Seeblick. Nichtraucherhotel, Frühstücksbuffet und Familienzimmer sowie Gästeküche und Waschraum.

🏨184 [I8] **Hotel de Genève,** Place Isaac Mercier 1, www.hotel-de-geneve.ch, Tel. 022 9085400. **Zentral gelegenes Stadthotel:** in historischem Gebäude mit 39 unterschiedlich gestalteten, meist kleinen Zimmern.

🏨185 [I8] **Hôtel des Tourelles,** Boulevard James Fazy 2, Tel. 022 7324423, www.destourelles.ch. **Schlicht, gut und in günstiger Lage:** am Rhôneufer und fünf Minuten zu Fuß von Bahnhof und Zentrum entfernt gelegener Bau von 1889 mit 23 Gästezimmern (Kühlschrank, Frühstück). Unbedingt Zimmer nach hinten buchen!

🏨186 [L7] **Hôtel Edelweiss Manotel,** Place de la Navigation 2, Tel. 022 5445151, www.manotel.com/edelweiss. **Gemütlichkeit im „Landhausstil“:** in guter Lage nahe dem See, 42 geräumige, komfortabel ausgestattete Zimmer, dazu Restaurant mit Spezialitäten der Schweiz.

🏨187 [K6] **Hotel Jade,** Rue Rothschild 55, Tel. 022 5443838, www.hoteljadegeneva.com. **LGBT-freundliches Boutiquehotel nach Feng-Shui-Kriterien:** 47 Zimmer, Bar und Restaurant. Günstige Extra-Angebote.

Preiskategorisierung der Unterkünfte

› **Wohlfühlen und Genießen:** über CHF 300 (über 260 €)
› **Gehobene Kategorie:** ca. CHF 200–300 (ca. 170-260 €)
› **Mittlere Kategorie:** ca. CHF 120–200 (ca. 100-170 €)
› **Preiswertere Kategorie:** unter CHF 120 (unter 100 €)

Preise für ein Doppelzimmer, meist inkl. Frühstück. Zum Preis kommt eine **Hotelsteuer von CHF 3,30** pro Person und Nacht hinzu.

EXTRATIPP

Ibis Styles Hotel in Carouge

Anfang 2018 eröffnete dieses **Comic-Hotel** in Carouge: Jedes Stockwerk ist einem anderen berühmten lokalen Comiczeichner gewidmet. In der großen Lobby gibt es eine Comic-Bibliothek, außerdem eine gut sortierte Bar und einen Frühstücksraum mit Terrasse, viele Sitzgelegenheiten für Gäste und alles in lustiger, ausgefallener Ausstattung. Die Zimmer – mit zwei Einzelbetten oder einem Doppelbett – sind gut und zweckmäßig ausgestattet, Frühstücksbüfett (je nach Buchung teils inklusive) mit lokalen Delikatessen. Vor dem Haus befindet sich eine Tram-Station (10 Min. in die Genfer Altstadt).

195 [I15] **Ibis Styles Carouge,** Rte de Saint Julien 3, Carouge, Tel. 022 5448600, www.accorhotels.com/de/hotel-6863-ibis-styles-geneve-carouge/index.shtml

128ge Abb.: mb

188 [J11] **Hôtel La Cour des Augustins,** Rue Jean-Violette 15, Tel. 022 3222100, www.lacourdesaugustins.com. **Designhotel in historischem Bau:** Boutiquehotel mitten im Stadtviertel Plainpalais mit moderner Einrichtung und Kunstwerken. Modern ausgestattete Zimmer und Suiten mit Küchenzeile, Innenhof (auch zum Frühstück), Fitness- und Wellnessbereich.

189 [L4] **Hôtel Mon-Repos,** Rue de Lausanne 131–133, Tel. 022 9093909, www.hotelmonrepos.ch. **Am grünen Seeufer:** in Superlage am See im gleichnamigen Park gelegen, geschmackvoll und modern eingerichtete Zimmer mit allem Komfort.

190 [N10] **Hôtel Pax,** Rue du 31 Décembre 68, www.hotel-pax-geneva.ch, Tel. 022 7875070. **Gut und günstig:** eher schlicht, aber in zentraler Lage und nach hinten hinaus auch ruhig. 32 Zimmer ab CHF 112 inkl. Frühstücksbuffet.

191 [J7] **Hôtel Suisse,** Place de Cornavin 10, www.hotel-suisse.net, Tel. 022 7326630. **Modern im Herzen der Stadt:** nahe dem Bahnhof mit 62 gut ausgestatteten Zimmern.

Preiswertere Kategorie

192 [I10] **Hôtel Étoile,** Rue des Vieux-Grenadiers 17, Tel. 022 3287208. **Persönlich und gemütlich:** kleines Zweisternehotel im Stadtviertel Plainpalais (neben MAMCO) in einem historischen Wohnpalast.

193 [I8] **IBIS Genève Centre Gare,** Rue Voltaire 10, Tel. 022 3382020, https://ibis.accorhotels.com. **Schlicht und modern:** Standardhotel in Bahnhofsnähe mit 65 Zimmern ohne Frühstück, rauchfrei.

194 [K8] **Torhôtel Genève,** Rue Ami-Lévrier 3, www.torhotel.com, Tel. 022 9098820. **Zentral und gut:** Zwischen dem Bahnhof und dem rechten Seeufer stehen 22 etwas kleine, dafür saubere und moderne Zimmer unterschiedlicher Kategorie, Größe und Preislage zur Verfügung. Ein kleines Frühstück wird aufs Zimmer gebracht.

Hostels – gut und günstig

196 [L6] **Auberge de Jeunesse,** Rue Rotschild 28–30 (Pâquis), Tel. 022 7326260, www.yh-geneva.ch. Über 300 Betten in Sälen (CHF 36) oder DZ (ab CHF 100), nur einen Katzensprung vom rechten Seeufer entfernt. Keine Altersbeschränkung und Frühstück inbegriffen.

197 [K6] **City Hostel Geneva,** Rue Ferrier 2 (Pâquis), Tel. 022 9011500, www.cityhostel.ch. Herberge mit Mehrbett-, Doppel- und Einzelzimmern, Bettwäsche und Handtücher inkl., Gemeinschaftsküche, Waschküche, Schließfächer, Internetzugang, Fernsehzimmer, Etagenduschen und -WCs. Ausschließlich Nichtraucherzimmer, kein Frühstück. Ab CHF 33 im 4-Bett-Zimmer, das DZ kostet ab CHF 89.

Weitere preiswerte Herbergen finden sich unter

› www.geneve.com/de/sleep/alle-unterkuenfte (Menüpunkt „Hostels“)

Bed and Breakfast

› **Ferme Pittet,** in Russin (Weinort), Chemin de la Croix de Plomb 34, Tel. 079 4798538, www.lafermeenchantee.ch. **Im Grünen und ideal für Familien:** Schön im Weingebiet gelegenes großes Bauernhaus, in dem neun Gästezimmer vermietet werden. Per Zug ist Genf in 20 Min. erreichbar. Pro Person/Nacht CHF 55 ohne Frühstück.

› **La Tour de Chollet,** in Meinier (nahe franz. Grenze), Rte. de Bellebouche 45, Tel. 022 7512057, http://latourdechollet.com/bb. **Naturnah und preiswert:** Wohnen auf einem Landgut mitten im Grünen, ideal für Familien. Zwei Zimmer/Apartments, eines für bis zu 2, eines für bis zu 6 Personen, inklusive Frühstück!

› **Le Jour & La Nuit,** Av. du Mervelet 8, Tel. 79 214 7387, https://lejouretlanuit-bnb.com/en. **Persönlich und hübsch-klein:** Zwei Zimmer, eine Suite, inkl. Frühstück, Gästeküche und Garten. Nahe zum Flughafen gelegen.

Weitere B&Bs finden sich unter

› www.geneve.com/en/sleep/all-accomodation (Menüpunkt „Bed & Breakfast“)

EXTRAINFO

Geneva Transport Card

Jeder Besucher erhält beim Einchecken im Hotel automatisch für die gesamte Aufenthaltsdauer eine solche Karte zur kostenlosen Nutzung des gesamten städtischen Nahverkehrs. Gegebenenfalls im Hotel nachfragen!

Verkehrsmittel

Der **öffentliche Nahverkehr** wird von Unireso (Region) bzw. TPG (Genf) betrieben und umfasst v.a. die **Nahverkehrszüge** der SBB/CFF bis nach Frankreich sowie **Trams** (Tramways Genevois) und **Busse** im Stadtgebiet und im ganzen Kanton. Derzeit gibt es neben sechs Trolley-Buslinien (2, 3, 6, 7, 10 – ab Flughafen – und 19) vier Straßenbahnlinien: Nr. 12 (Palettes – Moillesulaz, über Carouge), Nr. 14 (P+R Bernex –Meyrin-Gravière), Nr. 15 (Palettes – Nations) sowie Nr. 18 (CERN – Carouge, Bachet-de-Pasey). Zwei Linien sollen einmal bis ins angrenzende Frankreich ausgebaut werden. Übrigens: Die Tram 12 gilt – seit 1862 in Betrieb – als älteste immer noch aktive Linie der Welt.

Tickets (www.tpg.ch/tarifs) sind erhältlich an Automaten an Bahnhöfen/Haltestellen und kosten einzeln CHF 3 (Kurzzone CHF 2) bzw. für 24 Std. CHF 10 (an Wochenenden für

EXTRATIPP

Fahrt mit der Museums-Straßenbahn

Die Association Genevoise du Musée des Tramways (AGMT) betreibt eine historische Tram durch Genf: Von Mai bis Oktober fährt die Straßenbahn einmal im Monat sonntags zwischen Carouge, Plainpalais, Gare de Cornavin und Place des Nations. Infos unter www.agmt.ch, Rundfahrt (90 Min.) für CHF 6, Tageskarte für CHF 10.

zwei Personen gültig). Ein Tagesticket (gültig ab 9 Uhr) kostet CHF 8.

Ende 2019 soll der Liniennetzplan umgestellt werden, Informationen gibt es dann auf den folgenden Websites:

› www.unireso.com bzw. www.tpg.ch

Es gibt sechs **Wassertaxis**, sogenannte **Mouettes Genevoises**, zwei davon solarbetrieben, die auf vier Routen den Genfer See kreuzen. Haupthaltestelle ist „Genève/Port du Mouettes" südlich des Bains des Pâquis 29 auf Höhe der Rue Adhémar Fabri. Fahrten mit Mouettes sind in der Geneva Transport Card enthalten, kosten sonst CHF 2 pro Fahrt bzw. CHF 3 für 1 Std. **Mouettes-Linien** im Detail:

› **M1:** Pâquis – Molard (nahe Place du Molard) – Pâquis (alle 10 Min.)
› **M2:** Pâquis – Eaux-Vives (Quai G. Ador, östlich vom Jardin anglais 19) – Pâquis (alle 10 Min.)
› **M3:** Pâquis – Port Noir/Genève-Plage 23 (nahe Parc des Eaux-Vives und Cologny) – Pâquis (alle 30 Min.)
› **M4:** De-Chateaubriand (Parc Mon Repos 30) – Port Noir/Genève-Plage 23 (alle 30 Min.)

› **Taxigebühren** (Stand Herbst 2018): CHF 6,30 Grundgebühr, CHF 3,20/km von 6.30–20.30 Uhr, nachts und an Feiertagen CHF 3,80/km, Aufschläge für Zusatzgepäck und mehr als vier Passagiere, Flughafenfahrt ca. CHF 35–45.
› **Taxizentrale:** Tel. 022 3314133, https://taxi-phone.ch

Wetter und Reisezeit

Genf liegt 374 m über dem Meeresspiegel. Im Norden erstreckt sich die Bergkette des Jura, im Süden und Osten liegen die Alpen. Selbst im Winter **halten sich die Niederschläge in Grenzen,** Schnee ist (trotz Nähe zum Mont Blanc) weitgehend unbekannt und die durchschnittlichen Temperaturen bewegen sich um angenehme 10 °C. Lediglich *la bise* – ein trockener, kalter Wind aus Nordost, der durch Alpen und Jura im Genfer Raum kanalisiert wird – kann unangenehm werden.

Im Sommer sind die Temperaturen durchwegs **mediterran-angenehm,** es ist nicht zu heiß bei Durchschnittstemperaturen um etwa 23 °C.

Durchschnitt	Wetter in Genf											
Maximale Temperatur	5°	6°	11°	15°	20°	24°	27°	26°	21°	15°	9°	5°
Minimale Temperatur	–1°	–1°	2°	5°	9°	12°	14°	14°	11°	7°	2°	0°
Regentage	10	8	9	9	11	9	8	8	8	10	10	10
	Jan	Febr	März	Apr	Mai	Juni	Juli	Aug	Sept	Okt	Nov	Dez

ANHANG

006ge Abb.: mb

Kleine Sprachhilfe

Die folgenden Wörter und Redewendungen wurden dem Reisesprachführer „Französisch – Wort für Wort" (Kauderwelsch-Band 40) aus dem REISE KNOW-HOW Verlag entnommen.

Lautschrift

Hier sind diejenigen Lautschriftzeichen aufgeführt, deren Aussprache abweichend vom Deutschen ist bzw. sein kann

sh	stimmhaftes „sch" wie das zweite „g" in „Garage"
s	stimmhaftes „s" wie in „Rose"
ß	stimmloses „s" wie in „Bus"
e	langes „e" wie in „Tee"
ö	unbetont wie auslautendes „e" in „Hose"
ã	nasaliertes „a" wie in „Abonnement"
ẽ	nasalierter „ä"/"ö"-Laut wie in „Mannequin"
õ	nasaliertes „o" wie in „Beton"

Häufig gebrauchte Wörter und Redewendungen

oui	(ui)	ja
non	(nõ)	nein
merci	(märßi)	danke
s'il vous plaît	(ßilwu plä)	bitte
Salut!	(ßalü)	Hallo!
Salut!	(ßalü)	Tschüss!
Bonjour!	(bõshur)	Guten Tag!
Bonsoir!	(bõßoar)	Guten Abend!
Au revoir!	(oh röwoar)	Auf Wiedersehen!
Pardon! / Excusez-moi!	(pardõ / äxküse-moa)	Entschuldigung!
hier	(jär)	gestern
aujourd'hui	(oshurdüi)	heute
demain	(dömẽ)	morgen
après demain	(aprä dömẽ)	übermorgen
le matin	(lö matẽ)	morgens
à midi	(a midi)	mittags
l'après-midi	(laprä midi)	nachmittags
le soir	(lö ßoar)	abends
la nuit	(la nüi)	nachts
tous les jour	(tu le shur)	täglich
avant	(awã)	früher
plus tard	(plü tar)	später
maintenant	(mẽtönã)	jetzt
tôt	(toh)	bald

Zahlen

1	(ẽ, ün)	*un, une*
2	(dö)	*deux*
3	(troa)	*trois*
4	(katr)	*quatre*
5	(ßẽk)	*cinq*
6	(ßiß)	*six*
7	(ßät)	*sept*
8	(üit)	*huit*
9	(nöf)	*neuf*
10	(diß)	*dix*
11	(õs)	*onze*
12	(dus)	*douze*
13	(träs)	*treize*
14	(kators)	*quatorze*
15	(kẽs)	*quinze*
16	(säs)	*seize*
17	(dißät)	*dix-sept*
18	(dißüit)	*dix-huit*
19	(dißnöf)	*dix-neuf*
20	(wẽ)	*vingt*
30	(trãt)	*trente*
40	(karãt)	*quarante*
50	(ßẽkãt)	*cinquante*
60	(ßwaßãt)	*soixante*
70		*soixante-dix*
80		*quatre-vingt*
90		*quatre-vingt-dix*
100	(ßõ)	*cent*

+++ Die wichtigsten Wörter mit dem Bonus-Audiotrack des Kauderwelsch-

Die wichtigsten Fragewörter

qui?	(ki)	wer?	*comment?*	(komẽ)	wie?
quoi?	(qua)	was?	*combien?*	(kõbiẽ)	wie viel?
où?	(u)	wo?	*quand?*	(kã)	wann?
d'où?	(du)	woher?	*depuis quand?*	(döpüi kã)	seit wann?
où?	(u)	wohin?	*combien de temps?*	(kõbiẽ dö tã)	wie lange?
pourquoi?	(purqua)	warum?			

Die wichtigsten Richtungsangaben

à droite	(a droat)	rechts / nach rechts	*proche / près d'ici*	(prosch / prä dißi)	nah
à gauche	(a gohsch)	links / nach links	*loin*	(loẽ)	weit
			de retour	(dö rötur)	zurück
tout droit	(tu droa)	geradeaus	*carrefour*	(karfur)	Kreuzung
en face	(ã faß)	gegenüber	*feu*	(fö)	Ampel
ici	(ißi)	hier	*au coin*	(o koẽ)	um die Ecke
là	(la)	dort	*au centre*	(o ßãtr)	im Zentrum
juste ici	(shüst ißi)	gleich hier	*dehors de la ville*	(döor dö la wil)	außerhalb der Stadt

Die wichtigsten Floskeln und Redewendungen

Soyez le bienvenu! / Soyez la bienvenue!	(ßoaje lö/ la biẽwönü)	Herzlich willkommen! (m/w)
Comment allez-vous?	(komãtalewu?)	Wie geht es Ihnen?
Ça va?	(ßa wa?)	Wie geht's?
Ça va.	(ßa wa?)	Danke, gut.
Bonne chance!	(bõn schãß)	Viel Erfolg!
Je ne sais pas.	(shö nö ßä pa)	Ich weiß nicht.
Bon appétit!	(bõ apeti)	Guten Appetit!
A votre santé!	(a wotr ßãte)	Zum Wohl!
L'addition, s'il vous plaît!	(ladißjõ, ßilwuplä)	Die Rechnung bitte!
Félicitations!	(felißitaßjõ)	Glückwunsch!
Dommage!	(dohmash)	Schade!
Je suis désolé.	(shö ßüi desole)	Es tut mir sehr leid!
Est-ce qu'il y a ...?	(äß kilja ...)	Gibt es ...?
Est-ce que vous-avez ...?	(äß kö wusawe ...)	Haben Sie ...?
J'ai besoin de ...	(shä bösõ dö ...)	Ich brauche ...
S'il vous plaît, donnez-moi ...	(ßilwuplä, done-moa ...)	Geben Sie mir bitte ...
Où est-ce qu'on peut acheter ...?	(u äß kõ pö aschte ...)	Wo kann man ... kaufen?
Combien coûte ...?	(kõbiẽ kut ...)	Wie viel kostet ...?
Je cherche ...	(shö schärsch ...)	Ich suche ...
Où est ...?	(u ä ...?)	Wo ist ...?
Où se trouve ...?	(u ßö truw ...?)	Wo befindet sich ...?
Je veux aller à ...	(shö wö ale a ...)	Ich möchte nach ...

Pourriez-vous m'emmener à ...?	(purie wu mãmöne a?)	Können Sie mich zu/nach ... bringen?
Aidez-moi, s'il vous plaît!	(äde-moa, ßilwuplä)	Helfen Sie mir bitte!
A quelle heure?	(a käl-ör?)	Um wie viel Uhr?
Vous permettez?	(wu pärmäte?)	Gestatten Sie?

Nichts verstanden? – Weiterlernen!

Je parle seulement un peu.	(shö parl ßölmã e˜ pö)	Ich spreche nur ein bisschen.
Comment?	(komã?)	Wie bitte?
Je n'ai pas/ rien compris.	(shö nä pa/ rie˜ kõpri)	Ich habe nicht/ nichts verstanden.
Est-ce que quelqu'un parle anglais?	(äß-kö kälke˜ parl ãglä?)	Spricht hier jemand Englisch?
Comment traduit-on ... en français?	(komã tradüitõ ... ã frãßä?)	Was heißt ... auf Französisch?
Comment prononce-t-on ce mot?	komã pronõßtõ (ßö moh?)	Wie spricht man dieses Wort aus?
Répétez, s'il vous plaît!	(repete, ßilwuplä)	Wiederholen Sie bitte!
Parlez plus lentement, s'il vous plaît!	(parle plü lãtmã, ßilwuplä)	Sprechen Sie bitte langsamer!
Pourriez-vous me l'écrire, s'il vous plaît?	(purie-wu mö lekrir, ßilwuplä?)	Können Sie mir das bitte aufschreiben?

Wochentage

lundi	(lẽdi)	Montag
mardi	(mardi)	Dienstag
mercredi	(märkrödi)	Mittwoch
jeudi	(shödi)	Donnerstag
vendredi	(wẽdrödi)	Freitag
samedi	(ßamdi)	Samstag
dimanche	(dimãsch)	Sonntag

Jahreszeiten

le printemps	(prẽtã)	Frühling
en printemps	(ã prẽtã)	im Frühling
l'été	(ete)	Sommer
en été	(ãn-ete)	im Sommer
l'automne	(ohton)	Herbst
l'hiver	(iwär)	Winter
la saison	(ßäsõ)	Jahreszeit

Monate

janvier	(shãwie)	Januar
février	(fewrie)	Februar
mars	(marß)	März
avril	(awril)	April
mai	(mä)	Mai
juin	(shüẽ)	Juni
juillet	(shüijä)	Juli
aôut	(ut)	August
septembre	(septẽbr)	September
octobre	(oktobr)	Oktober
novembre	(nowẽbr)	November
décembre	(deßẽbr)	Dezember

Register

CITYATLAS

132ge Abb.: mb

1 cm = 75 m
100 m
SCHWEIZ
Genfer See
Cathédrale
FRANKREICH
LE SERVETTE
LES DÉLICES
QUARTIE
DES GRO
Rue de la Servette
Rue de Lyon
Rue Voltaire
Rue de la Prairie
Rue de Vermont
Grand Pré
Rue Cramer
R. Ch. Rosseler
Rue A.-Carteret
Rue Schaub
Rue de l'Orangerie
R. E.-Racine
R. B.-Soultier
R. H.-Veyrassat
R. d. Lilas
Rue Liotard
Rue du Jura
Rue L.-Favre
Rue du Midi
Rue des Grottes
R. de l'Industr.
R. du Cercle
R. de-Sellon
Rue Baulacre
R. J.-R. Chouet
Av. E.-Empeyta
R. I.-Eberh.
R. A.-Tschumi
R. B.-Franklin
Rue Gutenberg
Rue J.-Dassier
Malatrex
Rue du Vuache
Rue de Tronchin
Rue de la Poterie
Rue du Colombier
Rue d. Moléson
Rue Faller
Rue Daubin
Rue de la Dôle
Rue de Amiet
Rue Cavour
Rue d. Délices
R. Mme.-De-Staël
R. S.-Constant
Ch. Galiffe
Encyclop.
R. des Charmilles
Rue de St.-Jean
R. d. l. Piscicult.
Boulevard
Quai du Seujet
Sous-Terre
Sentier du Ravin
R. de Belvédère
R. du Château
S. de Sous-Terre
Barrage du
Pl. d.
Quai des Forces-Motrices
Salle com.
Etabl. méd.-soc.
Egl. cath.
Eglise
Ecole
Ecole d'Ingénieurs
Ecole Univ. popul.
Ecole prof.
Et. méd. social
Les Délices de Voltaire
Parc de Beaulieu
Etabl. horticole
Prom. de St-Jean
Pr. du Prieuré
BFM
56
33
20
193
151
96
77
14-18
6
7
8
H
I
132

CCI CCED
Egl. cath.
R. du Valais
LA PRI
IIDH
Rue Butini
Théâtre musical
Rue Ferrier
Lausanne
187
180
Rue de Montbrillant
Egl. prof.
197
Rue du Prieuré
Rue Richemont
Rothschi
6
Rue de J.-Ch.-Amat
Rue des
Centre postal
Chapelle
149
168
R. de Beaulieu
Adm. cant.
Rue du Môle
Salle commun.
Rue de Berne
Rue de Bâle
182
Rue Royaume
130
Parc des Cropettes
LES PÂQUIS
Rue des Gares
Ecole
105
Rue de Neuchâtel
Rue de la Navigation
171
Place de Navigation
méd.-soc.
Sq. J.-Spon
Rue Fendt
Pl. du Recul
P. des Alpes
Rue de Lausanne
Temple
R. du Levant
R. Nicole
Rue de Zurich
51
90
143
165
160
169
Pl. de Montb.
Gare de Cornavin
163
Rue de Fribourg
Rue de Berne
Rossi
Rue de Monthoux
Rue des Pâquis
53
7
15
43
Rue Sismondi
Rue Dr.-A.-Vincent
Ph.-
Rue de Cornavin
Rue Pradier
80
26
44
108
Rue Chaponn.
Rue S.-Thalberg
191
Rue du Mont-Blanc
Rue de Berne
126
Rue des Alpes
Rue Pécolat
Place des Alpes
R. du Fossé-Vert
177
28
Ecole des Arts
Basilique de Notre-Dame
166
167
Pl. Dorcière
Rue A.-Fabri
Pl. des 22 Cantons
14·15·18
Rue de Chantepoulet
152
Mon.-Brunswick
27
113
194
Rue A.-Levrier
Rue Bonivard
174
123
176
Square du Mont-Blanc
Quai du Mont-Blanc
Rue Necker
Rue du Temple
Rue Cendrier
Rue Kleberg
107
137
179
175
Rue de Cornavin
Rue Terreaux-du-Temple
Ecole prof.
SAINT-GERVAIS
Rue Rousseau
Rue Grenus
32
Débarcadère
Temple de St-Gervais
Rue de Coutance
Place de Grenus
8
Rue Vallin
Rue des Étuves
Quai des Bergues
Pont de Bergues
Rue du Temple
Rue De
Île Rousseau
125
1
Pl. de St-Gervais
Pont de la Machine
40
Pt. du Mont-Blanc
Quai-Turrettini
153
Rue des Moulins
Rue de la Tour-de-l'Île
Moulins
114
2
de l'Île
Quai des Moulins
29
12·14·18
M1
78
Expos.
38
Quai Bezanson Hugues
81
157
Débarcadère
J
133
K
150

1 cm = 75 m

100 m

PRIEURÉ
R. De-Chateaubriand
Quai Wilson
M4
Butini
Pl. De-Chateaubriand
Palais Wilson HCDH
Buis
Univ.
Rue des Pâquis
196
6
Rue J.-A.-Gautier
Rue des Pâquis
Rue J.-Jaquet
129
Place Jean-Morteau
Genfe
Rue de l'Anc.-Port
105
Place de la Navigation
Rue du Léman
37
186
90
159
Port des Pâquis
Rue Barton
Rue A.-Gevray
Plantamour
7
Grand Casino
34
115
Bains des Pâquis
29
Monthoux
Mont-Blanc
M3
M2
28
M1
176
Débarcadère
Jet d'Eau
20
8
M2
21
Police de la Navigation
74
Débarcadère
Monument National
Promenade
156
L
134
Quai
M
Rue du Rhône
Rue du Simplon

SCHWEIZ
Genfer See
Cathédrale
FRANKREICH
6
7
8
See
M4
M3
Débarcadère
Port des Eaux-Vives
Prom. Gustave-Ador
Ador
Gustave
Vives
Avenue
R. Eug.-Dupont
Rue du 1er-Juin
Rue Merle-d'Aubigné
Rue du Clos
Avenue de la Grenade
Rue de
Eaux
Ecole
William-
Roseraie
Parc des Eaux-Vives
41
Orangerie
22
Parc la Grange
69
78
N
135
O

1 cm = 75 m
100 m
128
136
9
10
11
H
I
LA COULOUVRENIÈRE
LES PLAINPALAIS
Débarcadère
Adm. cant. Univ.
Admin. cantonale
Palladium
Ecole prof.
Hôtel d. Finances
Cimetière de Plainpalais
Cons. d. Mus.
Adm. cant.
Egl. Ste-Clotilde
Ecole
Parc Gourgas
Univ.
Université Sience
MEG – Musée d'Ethnographie de Genève
Radio-Télév. Suisse Rom.
Université
Arsenal cant.
Centre sportif de la Queue-d'Arve
Piscine
Piscine couv.
Centre sportif des Vernets
Patinoire
Place d'Armes
L'Arve
Quai d. Rhône
Boulevard de St.-Georges
Boulevard Carl-Vogt
Avenue de Ste-Clotilde
Quai Ernest-Ansermet
Boulevard d'Yvoy
Rue des Maraîchers
Rue de l'Ecole-de-Médecine
Avenue du Mail
Rue de la Synagogue
Rue du Vélodrome
Rue Gourgas
Rue des Vieux-Grenad.
Rue Bergalonne
Rue de la Muse
Pt. de Sous-Terre
Rue d. Deux-Ponts
Pt. de Acacias
Passerelle de l'Ecole-de-Méd.
Quai de Vernets
Quai d. Forces-Motrices
Pl. d. Volont.
Rue de la Coulouvrenière
Rue d. Tir
R. d. Savoises
Rue du Vieux-Billard
R. de la Baillive
Rue des Bains
Pass. de la Radio
Rue du Village-Suisse
R. J.-L.-Hugon
R. D.-Dufour
Rue M.-Simon
Rue d. Plantapor.
Rue de Jardins
Rue des Gazomètres
R. d. l. Puiser.
S. de Sous-Terre
Quai du Seujet
Rue Ch.-Humbert
Rue Patru
R. Du Bois-Melly
Rue de Pavillons
H.-Wilsdorf
Pl. d. Cirque
Université
12
39
40
41
46
49
54
58
59
60
76
82
83
85
192
SCHWEIZ
Genfer See
Cathédrale
FRANKREICH

129
Rue du Rhône
Quai du Rhône
la Poste
Pl. de Bel-Air
Rue du Stand
Rue de la Confédération
Rue du Grütli
Rue J.-Petitot
Rue de Hollande
Rue E.-Diday
Rue de la Corraterie
Rue de la Cité
Rue de la Tertasse
Rue du Comm.
Pl. d. l. Fusterie
CITÉ
Pl. du Molard
R. Neuve-du-Molard
Rue du Marché
Rue de la Rôtisserie
Rue de la Croix-d'Or
Rue F.-Martin
Rue Céard
RUES BAS
Longemalle
Rue d. l. Madl.
Rue du Perron
Temple Madel.
Rue de la Fontaine
Grand-Rue
Rue J.-Calvin
Rue de l'Evêché
Rue d. l. Verdaine
Rue Hesse
Rue Bovy-Lysberg
Boulevard du Théâtre
Grand Théâtre
Musée Rath
Victoria Hall
Rue du Gén.-Dufour
Rue Calame
Rue F.-Bartholoni
Conserv.
Place Neuve
Rue de St. Germain
Rue des Granges
Rampe de la Treille
Rue de la Croix-Rouge
Rue de l'Hôtel de Ville
Cath. de St. Pierre
Place de la Taconnerie
Hôtel de Ville
Pl. du Bourg-de-Four
Pal. de Justice
Rue de Chaudronniers
Monument de la Réformation
Cours des Bastions
Promenade des Bastions
Palais Eynard
Rue St-Léger
Rue E.-Dumont
Promenade Saint-Antoine
Rue Balmat
Univ.
Boulevard G.-Favon
Rue du Conseil Gén.
Université
Pl. de l'Univ.
Rue De-Candolle
Athénée
Rue Beauregard
Rue J.-Eynard
Rue St-Ours
Rue Jaques-Dalcroze
Prom. du Pin
Rond-Point de Plainpalais
Boulevard des Philosophes
Rue de Carouge
Th. de Comédie
Rue St-Léger
Rue Galloix
Rue J.-Sénebier
Rue C.J.-Canal
Boulevard Helvétique
Rue de l'Athénée
Cours de Bastions
R. Vignier
Rue Leschot
Pl. d. Philosophes
Rue du Pt.-Salève
R. d. l'Ec. d. Chim.
Avenue H.-Dunant
R. G.-de-Marcoss.
Rue des Sources
Adm. cant.
Rue des Voisins
Rue Prévost-Martin
Ruelle Billon
Rue Micheli-du-Crest
Boulevard d. l. Tour
Rue de la Cluse
Egl. adventiste
Pl. E.-Claparède
Rue E.-Young
Rue A.-Sautter
Temple
Carr. des 23-Cant.
Rue du Pont-d'Arve
Eglise St.-François
Pass. de la Tour
R. de la Tour
Rue Goetz-Monin
Ecole
Rue Lombard
Pass. St.-François
R. H.-Christiné
Rue Jean-Violette
Salle commun.
R. Pictet-De-Bock
Rue Rodo
Rue Dancet
Rue Masbou
IES
Rue Cingria
Rue du Pré-Jérome
Boulevard de la Cluse
Hôpitaux Universitaires de Genève (HUG)
Rue Dizerens
Rue des-Raichlen
134
137
J
K

1 cm = 75 m

100 m

130
133
L
M
9
0
1
Quai
Lac
Jardin Anglais
156
67
19
Général
Guisan
112
4
Pl. du
Port
R. d. l. Scie
R. des Barques
R. des Pierres-du-Niton
Rue Muzy
Rue du Lac
Rue du Simplon
des
du
R. Cherbuliez
R. Zurlinden
Blanvalet
Ch. Neuf
Henri-
R. F.-Versonnex
Avenue P.-de-Roche
Pl.
Longemalle
Rue du Port
Rue du Prince
R.-Estienne
Rue de la Tour
Rue
du
Rue d'Aoste
de l'Italie
Collège
Moderne
Rue P.-Fatio
88
45
134
Rue de Rive
121
124
117
136
Fontaine
Rue d. Vx.-Collège
183
Rue de la Vallée
Rue Verdaine
Rond-Point-
de-Rive
12
79
Boulevard Helvétique
Rhône
Pl. de
Eaux-
Vives
R. Petit-Senn
R. L.-Duchosal
Rue du Parc
Avenue de Frontenex
Rue du Jeu-de-l'Arc
Rue de la Chapelle
Rue de la Flèche
R. des Marronniers
R. du Vieux-Marché
Mairie
Rue des
173
Carref.
de Rive
57
Rue de la Terrassière
R. M. Rouge
170
Rue St-Laurent
Rue du Midi
Ruelle du
Couchant
Rue des Glacis-de-Rive
Rue A.-Lachenal
Rue A. Lullin
Rue A. Cour.
Rue de l'Est
Rue de Villereuse
Ecole
Justice
111
Chaudronniers
Rue de Th.-De-Bèze
Ecole
Rue
Dalcroze
Promenade Saint-Antoine
Musée d'Art
et d'Histoire
14
135
Jaques-
Ec. sup.
d'Art visuel
Promenade du Pin
Boulevard
F.
Hodler
Ecole
Rue
15
Église Russe
C.-Sturm
Place
C.-Sturm
Place
E.-Guyénot
Route de Malagnou
Musée d'Histoire
naturelle
25
Ecole
Parc de
Malagnou
Musée d'Horlogerie
Rue Charles-
Rue Bellot
Rue F.-Le-Fort
Rue Toepffer
Galland
Rue de Sion
R. Munier-Romilly
Gourg.
21
du Mont-de-
Rue M.-Chauvet
Rue De-Beaumont
Contamines
Piscine
couv.
Pt. Palais
Rue Charles-Bonnet
d'Ivernois
Rue Victor
R. A.-Const.
Boulevard des Tranchées
LES TRANCHÉES
de l'Athénée
Rue F.-Massot
Bastions
Ecole
CONTAMINES
Route de Florissant
Avenue Jules-Crosnier
Univ.
Rue Malombré
Marignac
Crespin
Avenue
Ch. Rue Monnier
Avenue L.-Gaud
Avenue G.-Valette
Rue de Bertrand
Ecole
de Champel
CMU
Avenue de Champel
Av. de Champel
Avenue A.-Peschier
Parc
Alfred-Bertrand
Rue M.-Servet
P

☐ Liste der Karteinträge Seite 140
131

1 cm = 75 m
100 m

132
Route de Acacias
Rue Eugene Marziano
Chemin de Ternier
Rue Adrien-Wyss
R. des Ronzades
Rue Gustave-Revilliod
R. du Lièvre
Rue du Grand-Bureau
Rue Caroline
Quai du Cheval
Parc des Acacias
Église Ste.-Claire
Ecole
R. Simon-Durand
Rue des Noirettes
Rue des Epinettes
Avenue Industrielle
Rue François-Meunier
Rue de la Gabelle
Théâtre Alchimique
LES ACACIAS
Rue des Mouettes
Allobroges
Rue de Lancy
Rue Jacques-Grosselin
Rue des Caroubiers
Chemin des Carats
Rue du Léopard
Rue Louis-de-Montfalcon
R. des Pervenches
Place d'Armes
Pl. de l'Oc
147
94
Avenue de la Praille
Av. de la Praille
Rue Saint-Victor
Pont
Square Montfalcon
Rue Jacques-Dalphin
R. de la Débridée
Rue du Pont
CARO
146
Rue Alexandre-Gavard
Rue du Centenaire
Communauté des Jésuites
Pl. des Charmettes
R. des Charmettes
Rue de la
10
71
Pl. du Temple
Pl. de la Taillanderie
Musée de Carouge
148
140
Parc Louis Cottier
26
46
Boulevard des Promenades
Place de Sardaigne
Place du M
Avenue Vibert
144
7
9
70
Rue du Collège
Rue Blavignac
Rue de la Faïencerie
Rue Adolphe-Fontanel
LA PRAILLE
École
R. du Vieux-Canal
Pge de l'Intendant
Rue Baylon
Chemin du Faubourg-de-Cruseilles
Rue Ancienne
12:18
R. Jo
H
I
2
3
4

133
LA CLUSE
Place des Augustins
Parc des Minoteries
Ecole
Hôpitaux Universitaires de Genève (HUG)
Clinique de la Colline
Médecine dentaire
Hôpital des enfants
Collège de l'Aubépine
Hôpital Beau-Séjour
Clinique de Carouge
Oratoire St.-Joseph
Salle communale
Esplanade du Théâtre
Théâtre de Carouge
L'Arve
GE
164
138
162
8
91
52
72
Rue de Moulins-Raichlen
Rue des Battoirs
R. des Minoteries
Rue de Carouge
Rue des Pitons
Rue Alcide-Jentzer
R. John Grasset
Rue Willy Donzé
R. Barthélemy-Menn
Rue Barthélemy-Menn
Avenue de la Roseraie
Avenue de Beau-Séjour
Av. de Beau-Séjour
Sentier du Château
Chemin Maurice-Roch
Chemin du Châtelet
Sentier de la Roseraie
Rue de la Ferme
Rue Verte
Rue de l'Aubépine
Rue de la Cluse
Rue des Peupliers
Rue de la Croisette
Rue Page
R. de la Maladière
Rue Blanche
Boulevard de la Cluse
Rue de la Colline
Avenue de la Colline
Quai Capo d'Istria
Avenue de la Roseraie
Pont de Carouge
Pont de la Fontenette
Av. Cardinal-Mermillod
Promenade des Orpailleurs
Clos-de-la-Fonderie
Filature
Rue Vautier
Rue Roi-Victor-Amé
Rue de Fontenette
Passage des Tireurs-de-Sable
Rue de Veyrier
Rue de la Fontenette
Chemin du Centurion
Rue Daniel-Gevril
Rue des Moraines
Rue Saint-Nicolas-le-Vieux
Cimet
Carc
Pl. Sigismond
Chemin des Moraines
Route
l'Arve
Rue de la Tannerie
Rue Joseph-Girard
Rue du Tir-au-Canon
Rue du Tunnel
SCHWEIZ
Genfer See
Cathédrale
FRANKREICH
12
13
14
J
K

Genf, Umgebung

0 4 km

Die Autoren

Margit Brinke und **Peter Kränzle** sind promovierte Klassische Archäologen und seit 1995 als freiberufliche Journalisten und Buchautoren tätig. Sie machten sich durch über 90 Publikationen bei Buchverlagen und Mitarbeit bei Zeitungen, Magazinen und Websites im Reise-, Sport- und Kulturbereich einen Namen.

Im Reise Know-How Verlag liegen von ihnen 16 Stadtführer aus den Reihen CityTrip und CityTrip Plus zu verschiedenen Destinationen vor.

Mit der Schweiz und Genf kamen die Autoren erstmals im Jahr 2008 während der Fußballeuropameisterschaft durch die Arbeit an dem Band „EM-Städte und -Stadien 2008“ in Kontakt. Seither sind sie regelmäßig zurückgekehrt und haben das besondere weltmännische Flair, die grandiose Lage und die kulinarische und künstlerische Szene dieser überhaupt nicht typischen Schweizer Stadt lieben gelernt.

Schreiben Sie uns

Dieses Buch ist gespickt mit Adressen, Preisen, Tipps und Daten. Unsere Autoren recherchieren unentwegt und erstellen alle zwei Jahre eine komplette Aktualisierung, aber auf die Mithilfe von Reisenden können sie nicht verzichten. Darum: Teilen Sie uns bitte mit, was sich geändert hat oder was Sie neu entdeckt haben. Gut verwertbare Informationen belohnt der Verlag mit einem Sprachführer Ihrer Wahl aus der Reihe „Kauderwelsch“.

Kommentare übermitteln Sie am einfachsten, indem Sie die Web-App zum Buch aufrufen (siehe Umschlag hinten) und die Kommentarfunktion bei den einzelnen auf der Karte angezeigten Örtlichkeiten oder den Link zu generellen Kommentaren nutzen. Wenn sich Ihre Informationen auf eine konkrete Stelle im Buch beziehen, würde die Seitenangabe uns die Arbeit sehr erleichtern. Unsere Kontaktdaten entnehmen Sie bitte dem Impressum.

Impressum

Margit Brinke, Peter Kränzle

CityTrip Genf

6., neu bearbeitete und aktualisierte Auflage 2019

ISBN 978-3-8317-3173-2

Druck und Bindung:
Media-Print, Paderborn

Herausgeber: Klaus Werner
Layout: amundo media GmbH (Umschlag, Inhalt), Peter Rump (Umschlag)
Lektorat: amundo media GmbH
Karten: Ingenieurbüro B. Spachmüller, amundo media GmbH
Anzeigenvertrieb: KV Kommunalverlag GmbH & Co. KG, Alte Landstraße 23, 85521 Ottobrunn, Tel. 089 928096-0, info@kommunal-verlag.de
Kontakt: Osnabrücker Str. 79, 33649 Bielefeld, info@reise-know-how.de

---

Bildnachweis

Umschlagvorderseite: fotolia.com by adobe © V.ZHURAVLEV | Umschlagklappe rechts: Margit Brinke
Soweit ihre Namen nicht vollständig am Bild vermerkt sind, stehen die Kürzel an den Abbildungen für die folgenden Fotografen, Firmen und Einrichtungen. Margit Brinke: mb | Genf Tourismus (www.geneve.com): gt

Liste der Karteneinträge

ROLEX

Hier nicht aufgeführte Nummern liegen außerhalb der abgebildeten Karten. Ihre Lage kann aber wie die von allen Ortsmarken im Buch mithilfe der Web-App angezeigt werden (S. 144).

Mit dem Raddampfer über den Genfer See (s. S. 113)

Genf mit PC, Smartphone & Co.

QR-Code auf dem Umschlag scannen oder **www.reise-know-how.de/citytrip/genf19** eingeben und die **kostenlose Web-App** aufrufen (Internetverbindung zur Nutzung nötig)!

★**Anzeige der Lage und Satellitenansicht aller** beschriebenen Sehenswürdigkeiten und weiteren Orte
★**Routenführung** vom aktuellen Standort zum gewünschten Ziel
★**Exakter Verlauf** des empfohlenen Stadtspaziergangs
★**Audiotrainer** der wichtigsten Wörter und Redewendungen
★**Updates** nach Redaktionsschluss

GPS-Daten zum Download

Die GPS-Daten aller Ortsmarken und des Spaziergangs können hier geladen werden: www.reise-know-how.de, dann das Buch aufrufen und zur Rubrik „Datenservice" scrollen.

Stadtplan für mobile Geräte

Um den Stadtplan auf Smartphones und Tablets nutzen zu können, empfehlen wir die App „Avenza Maps" der Firma Avenza™. Der Stadtplan wird aus dieser App heraus geladen und kann dann mit vielen Zusatzfunktionen genutzt werden.

Die Web-App und der Zugriff auf diese über QR-Codes sind eine freiwillige, kostenlose Zusatzleistung des Verlages. Der Verlag behält sich vor, die Bereitstellung des Angebotes und die Möglichkeit der Nutzung zeitlich und inhaltlich zu beschränken. Der Verlag übernimmt keine Garantie für das Funktionieren der Seiten und keine Haftung für Schäden, die aus dem Gebrauch der Seiten resultieren. Es besteht ferner kein Anspruch auf eine unbefristete Bereitstellung der Seiten.

Zeichenerklärung

Sehenswürdigkeit
Arzt, Apotheke, Krankenhaus
Bar, Bistro, Klub, Treffpunkt
Bibliothek
Café
Denkmal
Galerie
Geschäft, Kaufhaus, Markt
Hotel, Unterkunft
Imbiss, Bistro
Informationsstelle
Jugendherberge, Hostel
Kirche
Kneipe, Biergarten
Leuchtturm
Museum
Musikszene, Disco
Parken
Polizei
Post
Restaurant
Sonstiges
Synagoge
Theater
Weinlokal
Schiffslinien
Staatsgrenze
Straßenbahnhalt

Stadtspaziergang (s. S. 12)
Shoppingareale
Gastro- und Nightlife-Areale

Bewertung der Sehenswürdigkeiten

★★★ auf keinen Fall verpassen
★★ besonders sehenswert
★ wichtige Sehenswürdigkeit für speziell interessierte Besucher